KNØDERER 1975

MELLUSINE

POÈME RELATIF A CETTE FÉE POITEVINE

COMPOSÉ DANS LE QUATORZIÈME SIÈCLE

PAR COULDRETTE

PUBLIÉ POUR LA PREMIÈRE FOIS

D'après les Manuscrits de la Bibliothèque impériale

PAR FRANCISQUE MICHEL,

Docteur en Philosophie, Professeur de Littérature étrangère à la Faculté des Lettres de Bordeaux, Membre du Comité des Monumens écrits de l'Histoire de France près le Ministère de l'Instruction publique, Correspondant de l'Académie royale des Sciences de Turin et des Sociétés des Antiquaires de Londres et d'Écosse, &c.

NIORT,

ROBIN ET L. FAVRE,

Éditeurs du *Nova Gallia christiana* et de la *Bibliothèque poitevine*.

—

MDCCCLIV.

MELLUSINE.

Niort. — Imprimerie de L. FAVRE et Cie.

MELLUSINE

POËME RELATIF A CETTE FÉE POITEVINE

COMPOSÉ DANS LE QUATORZIÈME SIÈCLE

PAR COULDRETTE

PUBLIÉ POUR LA PREMIÈRE FOIS

D'après les Manuscrits de la Bibliothèque impériale

Par FRANCISQUE MICHEL,

Docteur en Philosophie, Professeur de Littérature étrangère à la Faculté des Lettres de Bordeaux, Membre du Comité des Monumens écrits de l'Histoire de France près le Ministère de l'Instruction publique, Correspondant de l'Académie royale des Sciences de Turin et des Sociétés des Antiquaires de Londres et d'Écosse, &&.

NIORT,

ROBIN et L. FAVRE,

Éditeurs du *Nova Gallia christiana* et de la *Bibliothèque poitevine*.

MDCCCLIV.

LE LIVRE DE LUSIGNAN.

𝕮𝖞 commence le 𝕻rologue
du 𝕷ivre de 𝕷uzignen.

Le philozophe fu moult sage,
Qui dist en la premiere page
De sa noble Metaphisique
Que l'umain entendement s'aplique
Naturelment à concevoir
Et à apprendre et à savoir.
Ce fu bien dit et sagement,
Car tout l'umain entendement

Desire venir à ce point
10 De savoir ce qu'il ne scet point,
Où soit d'amour ou de reprouche;
Et mesmement quant je lui touche
Les choses de long-temps passées,
Plaisent quant ilz sont recordées [1],
Mais qu'ilz soient bonnes et belles
Trop plus que ne font les nouvelles.
Ne parlon tant du roy Artus,
Qui voult [2] esprouver les vertus
Des nobles chevaliers et gens.
20 Encor en parlent moult de gens;
Et si font-il de Lancelot,
Où il ot tant de si bons los [3],
De Percheval et de Gauvain,
Qui n'orent onques le cuer vain
Pour acquerir honneur et pris:
Ilz firent comme bien apris,
Qui vouldrent [4] savoir et enquerre
Et par la mer et par la terre
Les merveilleuses aventures
30 Qui aviennent aux creatures.

[1] *Recorder*, rappeler.
[2] *Voult*, voulut.
[3] *Los*, mérite, gloire, *laus*.
[4] *Vouldrent*, voulurent.

Savoir est excellente chose;
Car tout aussi comme la rose
Sur toutes fleurs est la plus fine,
Aussi est science plus digne.
Qui riens ne scet, il ne vault rien.
S'affiert¹ à tout homme de bien,
S'enquerir moult fort des histoires
Qui sont de loingtaines memoires;
Et tant plus est de hault degré,
40 Doit-il de degré en degré
Savoir dont il est descendus,
Soit barons, contes ou ducs,
Si que memoire longue en soit.
Tout grand seigneur faire le doit
Et en faire escripre l'istoire,
Afin qu'adez² en soit memoire.
Pour tant le dy, qu'un grant seigneur
De Poitou (que Dieu doint honneur!)
Nommé seigneur de Parthenay,
50 Auquel tout droit je asserray,
Me commanda n'a pas gramment:
De son propre sentement
Commandement avoit-il bien;

¹ *S'affiert*, il convient.
² *Adez*, toujours.

Ne l'escondiroie [1] de rien,
Car chascun scet et puet veir
Qu'on doit aux seigneurs obeir :
Qui ne le fait il n'est pas sage.
Si me dist en son doux langaige
Que je prenisse l'exemplaire
D'un sien livret, qu'avoit fait faire ;
Il de fait le me bailla,
Pour savoir mon [2] qui entailla
Luzignen, le chastel nobille [3],
Et aussi qui fist faire la ville ;
Car c'est ung très mervéilleux fort.
Lors respondy : « Je m'y accort,
Monseigneur, à vostre plaisir. »
— « Faites, dist-il, tout à loisir,
Car vostre est toute la journée.
Le chastel fu fait d'une faée,
Si comme il est partout retrait [4],
De laquele je sui extrait,
Et moy et toute ma lignie.
De Partenay, n'en doubtez mie,
Mellusigne fu appellée

---

[1] *Escondire*, éconduire, refuser.
[2] *Mon*, particule explétive qu'on peut traduire par *en vérité*.
[3] *Nobille*, noble.
[4] *Retraire*, rapporter, raconter.

La fée que vous ay nommée,
De quoy les armes nous portons,
En quoy souvent nous deportons [1].
Et afin qu'il en soit memoire,
80 Vous mettrez en rime l'istoire ;
Je vueil qu'elle soit rimoye :
Elle en sera plus tost oye. »
Lors dy : « Monseigneur, je l'ottroie,
Tousjours vostre plaisir feroie.
Je le feray à mon povoir;
Mais n'en vueil pas le los avoir,
Se los y a, car autrefois
Elle a esté mise en françois
Et rimée, si comme on compte:
90 Pourquoy ce me seroit honte
De me vanter de cestui fait,
Puis qu'autrefois a esté fait;
Mais à mon povoir je feray,
Se Dieu plaist, tant que le mettray
D'autre forme, se j'ay loisir,
Qui mieulx vous venra à plaisir,
Quant l'autre pas ne vous hette [2]
Et qu'il vous plaist que je lui mette

---

[1] *Se deporter*, se réjouir, se récréer, prendre du plaisir.
[2] *Hette*, plaît.

Selon les livres que on trouva,
100 Dont l'istoire on approuva.
Et afin que nous l'abregon,
Dedens la tour de Mabregon
Deux beaux livres furent trouvez
En latin et tous approuvez,
Qu'on fist translater en françois.
Et puis après cinq ou six mois,
Forment celle histoire autry
Le conte de Salz et de Berry,
D'un livre qu'avoit du chastel,
110 Qui tant par est fort et bel;
Mais il parloit en tous ses dis
Comme les livres dessus dis.
Des trois fu vostre livre extrait,
Ainsi le dist-on et retrait.
Et ce pourquoy je l'ay sceu,
C'est qu'autrefois je l'ay veu;
Sy mettray toute ma puissance
De le mettre en bonne ordonnance. »
Lors prins congié de monseigneur,
120 A qui Dieu doint[1] joie et honneur!
Et m'en vins tout droit au chasteau
De Lesignen, qui tant est beau,

[1] *Doint*, donne.

Dont vous orrez briefvement l'istoire,
Mais qu'il plaise au doulz Roy de gloire
De m'en donner le sentement,
Sans lequel on ne fait neant :
Soit en françois ou en ebrieu,
Toute science vient de Dieu ;
C'est la clere fontaine où puise
130 Tout faiseur[1] le fait qu'il avise,
De lui vient tout le bien qu'il pense ;
Nul n'a, se non de Dieu, science :
Si lui requier de cuer entier
Qu'à ce besoing me vueille aidier,
Et sa glorieuse mere
Vueille conduire ma matere,
Afin que je puisse achever
Ceste euvre, que vueil reveler
140 Au plaisir de mon bon seigneur,
Qui Dieu doint joie et honneur,
Et en la fin joie fine[2] !
    Ainsi nostre prologue fine[3].

---

[1] *Faiseur*, poète. En grec, le mot ποιητης correspond parfaitement à *faiseur*.

[2] *Fin*, complet, parfait.

[3] *Fine*, finit.

QUART CHAPITRE.

Cy parle du comte Aimery de Poitou.

Il est vray que ou temps ancien,
Après le temps Octovien,
Ot en Poitou ung noble conte,
De quoy on tenoit moult grant conte,
Amez de tous et moult cheris,
Et l'appelloit-on Aymeris.
Il savoit bien d'astronomie
150 Et de mainte autre clergie,
Le droit canon et le civil
Prezque tout par cuer savoit-il,
Et si estoit assez mondains :
Dont son fait ne valoit pas mains ;

Mais meilleur astronomien
Ne trouveroit homme christien :
Il congnoissoit trop plus que homme,
Hors cilz qui les estoilles nomme,
Toutes ensemble par leur nom.
160 Ce fu ung très grant riches hom
Et assouvy de mondains biens ;
Moult amoit le deduit des chiens,
Souvent chassoit cerfz et sengliers.
Ce noble conte de Poitiers
Ung beau filz ot de sa mouillier [1],
Qu'il avoit et tenoit moult chier ;
Et ot une fille moult douche,
Beau nez ot et belle bouche ;
Elle fu moult belle et douchette,
170 Laquele on appelloit Blanchette,
Et le filz ot nom Bertrans.
Le conte ama moult ces enfans.
Encores n'estoit pas fondée
La Rochelle ne machonnée.
Par Poitou ot foison de bois,
Grans forestz, et grans arbres drois
En la forest de Colombiers,
Qui n'estoit pas trop loing de Poitiers.

[1] *Ot de sa mouillier*, eut de sa femme.

LE LIVRE DE LUSIGNAN.

    Pour lors ot en Forest ung conte,
180 Qui d'enfans avoit moult grant compte ;
    Moult riches n'estoit-il mie,
    Mais moult estoit de bonne vie,
    Et sagement se gouvernoit
    Selon ce qu'à despendre[1] avoit ;
    Et pour son bon gouvernement
    Estoit amé de toute gent.
    Cousin fu au conte Aimery,
    Qui bien les nouvelles oy
    Qu'il avoit d'enfans grant plenté[2],
190 Dont lui vint en voulenté
    De tel charge le deschargier :
    Pour ce fist-il sans targier[3]
    A Poitiers faire une grant feste ;
    On ne vit onques plus honneste.
    Le quens[4] du Forest fu mandé,
    Car le conte l'ot commandé ;
    Et les barons semblablement
    Qui tenoient leur tenement[5].
    Du noble conte de Poitiers

---

[1] *Despendre*, dépenser.
[2] *Plenté*, abondance, *plenitas*.
[3] *Targier*, tarder.
[4] *Quens*, comte.
[5] *Tenement*, fief.

LE LIVRE DE LUSIGNAN.

200 Furent mandez, qui voulentiers
Vindrent trestous [1] à la journée
Que le conte avoit commandée.
Li quens de Forest amena
Trois de ses filz à ce jour-là
Pour faire à son cousin plaisance,
Et vint en moult belle ordonnance.
Li quens de Poitiers à [2] grant joie
Reçut son cousin et festoie,
Au mieulx qu'il pot il le chery.
210 Adont [3] le bon conte Aimery
Les enfans forment [4] regarda,
Dont l'un des trois depuis garda;
Car le mainsné [5] lui pleut forment.
A son cousin dist doulcement:
« Entendez-moy, beau chier cousins.
J'ay entendu par voz voisins
Que d'enfans estes moult chargez :
Bon est que vous en deschargez :
Si vous requier qu'un m'en donnez,
220 Et il sera bien assignez [6];

[1] *Trestous*, tous.
[2] *A*, avec.
[3] *Adont*, alors.
[4] *Forment*, fortement, avec attention.
[5] *Mainsné*, puîné, cadet.
[6] *Assigner*, doter, faire un sort.

Car telement l'assigneray
Qu'à tousjours riche le feray. »
— « Sire, dist li quens de Forez,
Des trois vostre plaisir ferez,
Et humblement vous en mercie :
N'est pas droit que vous en escondie.
Veez-en cy trois en votre presence :
Faites-en à vostre ordenance,
Prenez lequel qu'il vous plaira,
230 Homme ne vous en desdira. »
— « Dont me donnez le mainsné,
Car je lui ay m'amour donné, »
Ce dist le conte de Poitiers.
« Et je le vueil très voulentiers,
Respont le conte de Forez,
Puis qu'il vous plaist, et vous l'arez.
Or le prenez, car veez-le cy. »
— « Beau cousin, la vostre mercy.
Dictes-moi son nom, beau cousin. »
240 — « Sire, on l'appelle Raymondin
Le bel, le doulz et le courtois,
Le mieulx enseignié de tous trois. »
Quant celle feste fu finée,
Ainsi com la tierce journée,
Et qu'ilz orent beu et mengié,
Li quens de Forest print congié.

LE LIVRE DE LUSIGNAN.

Lors les trois freres se baisierent
Et à Dieu s'entre-commanderent,
Au departir mainent douleur.
250 Remest Raymon à son seigneur,
Bien le servi à son povoir
Et bien le savoit-il avoir.
Le noble conte Aimery
L'ama bien et moult le chery,
Pour ce que si bien le servoit :
Moult bien faisoit ce qu'il devoit;
Sans lui n'alast ne çà ne là,
Onques serviteur tant n'ama :
Aussi estoit-il son cousin.
260 Mais mal lui en prist en la fin;
Car Raymondin si le tua
Et mort à terre le rua [1],
Par Fortune, la faulse gloute [2],
Qui riens ne craint ne nul ne doubte [3],
Mais fait merveilles avenir,
Ainsi com vous pourrez oïr.
A Poitiers le quens Aimeris,
Qui tant fut amez et cheris

---

[1] *Ruer*, précipiter.
[2] *La faulse gloute*, injure que les mots *fausse gloutonne* ne rendraient qu'imparfaitement.
[3] *Doubter*, redouter.

De ses hommes et chier tenus
270 Et des riches et des menus,
Souvent au bois aloit chassier
En la forest de Coulombier.
Cinq ou six ans ainsi regna,
S'avint [1] qu'un jour chassier ala,
O [2] lui foison de chevaliers;
De ceulx qu'il avoit les plus chiers,
Mena avec lui pour esbatre;
En la forest s'en vint embatre [3].
Jouste [4] lui Raymont chevauçoit
280 Sur ung coursier, et si portoit,
Comme l'istoire nous raconte,
L'espée de ce noble conte.
Lors commença la chasse forte:

[1] *S'avint*, il avint.
[2] *O*, avec.
[3] *Embatre*, entrer, pénétrer.
[4] *Jouste*, près de, *juxtà*.

Contre le dous tans novel,
Qu'erbe point novele,
Jouste le mont de Cassel
Trovai pastourelle.

(Chanson de Jean Bodel.)

De ce mot vient *jouxter*, toucher, être contigu à; d'où, par analogie, on a fait *joûter*, en venir aux mains, lutter, combattre. « Une piece de terre contenant 3 septiers, qui *jouxte* d'une part le chemin, etc. »

(Acte de la famille de Bastard, de 1506.)

LE LIVRE DE LUSIGNAN.

La beste la huée emporte,
Devant les chiens s'en va courant,
Et les chiens la vont fort suivant.
Li quens le suit à l'esporon,
De quoy tantost vous parleron :
Dont meschief [1] lui avint,
290 Car onques il n'en revint.
Raymon le suit tant com il puet,
Car laissier pas il ne veult.
D'eulz deux fu tant, bien sachiés,
En la forest le porc chaciés
Qui de Coulombiers est nommée,
Que la lune fu jà levée.
Le porc moult de leurs chiens tua
Et mort à terre les rua.
Ses gens ne sceurent qu'il devint,
300 Et s'en y avoit plus de vint,
Car trop fortement il chevauça.
Lors dist à Raymon : « Venez çà.
Noz chiens, noz gens perdu avons,
Quel part ilz sont nous ne savons ;
Huy mais [2] n'est riens de retourner,
Nous ne les pourrions trouver :

---

[1] *Meschief*, malheur.
[2] *Huy mais*, *mais huy*, d'aujourd'hui.

Que dictes-vous que nous ferons? »
Raymon dist : « Sire, nous yrons
Cy près en aucun des retrais [1],
310 Où nous serons mais huy retrais [2]. »
Li quens respont : « C'est très bien dit,
Ainsi soit fait comme avez dit. »
Puis que la lune est jà levée,
Belle et clere est la vesprée [3];
Les estoilles si cler luisoient
Que tous les bois enluminoient.
Lors se prindrent à cheminer,
Car la lune luisoit moult cler;
Parmy les bois vont en travers,
320 Où treuvent des lieux moult divers.
Lors ung trop beau chemin trouverent,
Parmy lequel s'acheminerent.
Li quens dist: « Raymon, ce sentiers
S'en va, ce cuide-je, à Poitiers :
Qu'en dictes-vous ? » — « Il est ainsi,
Respondy Raymon sans detry [4].
Or chevauçons, Dieux y ait part!
Jà ne sarons venir sy tart

[1] *Retrais*, retraites, fourrés.
[2] *Retraire*, retirer.
[3] *Vesprée*, soirée.
[4] *Detry*, contradiction.

Que bien en la ville n'entrons.
330 Par aventure trouverons
De voz gens qui saront la voie. »
— « Alons, dist li quens, je l'ottroie. »
Lors se prindrent à cheminer.
Li quens commence à regarder
Les estoilles qui cler luisoient,
Qui tout le ciel enluminoient ;
Moult fu sage [1] d'astronomie,
Tout en congnoissoit la maistrie [2];
Et ainsi comme ou ciel regarde,
340 D'une estoille là se prent garde :
Là voit merveilleuse aventure,
Qui depuis lui fu aspre et dure.
Le preu [3] d'autrui bien y conçoit,
Mais son mal point n'y apparçoit ;
Forment commence à souspirer,
Les poings deteurdre [4] et detirer :
« Dieu, dist-il, qui as fait les angles [5],
Que tes merveilles sont estranges !
Fortune est moult fort à congnoistre.

[1] *Sage*, savant.
[2] *Maistrie*, science.
[3] *Preu*, profit, bien, avantage.
[4] *Deteurdre*, tordre.
[5] *Angles* (prononcez *anjles*), anges, *angeli*.

350 Vray Dieu, pourquoy fait-elle croistre
Ung homme seulement pour mal faire?
Elle est bien de mauvais affaire.
Or est ainsi, je le voy bien,
Que pour mal faire vient grant bien :
En ces estoilles bien le voy.
Raymon, dist-il, entens à moy,
Car j'apparçoy grant aventure. »
L'enfant fu doulce creature,
Sy respondy: « Et qu'est-ce, sire ? »
360 Li quens dist : « Je le te vueil dire.
Saches de vray sans point de doubte,
Pour certain et n'en doubtez goute,
S'uns homs occioit son seigneur
En ceste heure, il seroit greigneur
Et plus puissant et trop plus grans
Que nul de ses appartenans;
En tous lieux fructifieroit,
Tant que de tous amez seroit
Et plus grant que tous ses voisins:
370 Sachiés qu'il est vray, beau cousins. »
Raymon ung mot ne respondy,
Tout pensif à pié descendy;
Lors il amoncelle du bois,
Que là trouva à celle fois,
Que pastoureaux avoient laissié,

Assez de gros et de dongié [1];
Et ung pou de feu y trouva.
Le bois prist, le feu aluma;
Car il ne faisoit pas trop chaut.
380 Lors le conte à la terre sault [2],
Pour ung petit soy eschauffer.
Lors oyrent, à brief parler,
Le bois desrompre durement.
Adont Raymon son espié [3] prent,
Et li quens le sien d'autre part;
Laissent le feu, qui moult cler art [4].
Lors voient auprès d'eulx venir
Ung porc de merveilleux aïr [5];
Des dens vient moult fort martellant,
390 Et de fin aïr escumant.
Raymon le voit, le conte escrie :
« Monseigneur, sauvez vostre vie;
Montez sur ung arbre errament. »

---

[1] *Dongié*, menu, *delicatus;* espagnol, *delgado*.
[2] *Sault*, saute.
[3] *Espié*, épieu.
[4] *Art*, brûle, *ardet*.
[5] *Aïr*, rapidité, furie, rage.

Cy parle de la mort du bon conte Aimery.

Le conte respont haultement :
« Oncques ne me fu reprouvé [1]
Ne si ne sera jà trouvé,
S'il plaist à Dieu, que je m'en fuye
Par devant le filz d'une truye. »
Raymon l'entent, moult lui ennoie ;
Vers le porc va, l'espieu paumoie [2].
Li quens va vers le porc lancier ;
Et quant vient à l'espié baissier,
Le porc vers le conte a couru :
Dont li quens par meschief mouru.
Li quens ne se pot plus tenir,
Le porc va par meschief ferir [3] ;
Mais l'espié n'entra point dedens :

---

[1] *Reprouver*, reprocher.
[2] *Paumoier*, tenir dans la main ; de *palma*.
[3] *Ferir*, frapper.

Lors le convint cheoir adens¹.
Raymon acourt contre le porc,
410 Ferir cuide parmy le corps
Le porc; mais son espié gliça,
Car dessus le dos l'assena²;
Le conte fiert parmy le ventre,
Tout le fer de l'espié y entre.
Le fer fu bon et bien trencha,
Tous les boyaux lui detrencha.
L'espié retrait, le porc fery,
Tout mort à terre l'abaty.
A son sire s'en est venus,
420 Car jamais ne s'en feust tenus;
Mort le treuve et jà l'ame alée :
A Dieu soit-elle commandée³!
Car c'estoit ung vaillant preudomme,
N'en a nul tel de cy à Romme.
  Raymondin se prent à plourer,
A soy batre et tormenter :
« Hahay, dist-il, faulse Fortune,
Tu m'as esté felle⁴ et dure!
Bien ez mauvaise et malostrue.

¹ *Adens*, sur la face.
² *Assener*, atteindre.
³ *Commander*, recommander, *commendare*.
⁴ *Felle*, félonne.

430 Il est plus fol que besté mue [1],
Qui point se fie à son affaire.
Tu n'as compere ne commere;
A l'un iez doulce, et à l'autre amere;
Nul ne se doit fier en toy;
Tu fais d'un petit homme roy,
Et d'un très riche povres homs;
En toy n'a rive ne fons;
Tu aides l'un, l'autre destruis :
Helas, dolent [2] ! en moy le truis [3].
440 Tu m'as destruit entierement
Et dampné pardurablement [4],
Se Jhesu-Crist le charitable,
Le vray, le doulz, le piteable,
N'a pitié de ma lasse [5] ame. »
Adont Raymondin se pausme,
Et bien une heure ainsi se tint
Sans parler, et puis revint ;
Si recommença sa douleur,
Quand il regarde son seigneur,
450 Qui mort gisoit illec tous frois.

[1] *Mue*, muette.
[2] *Dolent*, malheureux, dans la douleur, *dolens*.
[3] *Truis*, trouve.
[4] *Pardurablement*, éternellement.
[5] *Lasse*, malheureuse.

Adont dist-il à haulte vois :
« Mort, vien avant, et plus n'atens ;
Or me viens prendre, il en est temps ;
Or ay perdu et ame et corps :
Mon chier seigneur, qui là gist mors,
Ay occis par grant mesprison ¹.
Mort, viens avant, il est saison ;
Viens avant, ou je m'occieray.
Occiray ! Dieu ! je non feray :
460 Ne vueille Dieu, mon très chier pere
Que chrestien se desespere !
Mais l'eure maudy que nasqui
Ne qu'en ma vie tant vesqui.
Mieulx me vaulsist estre mort nez,
Mais que n'éusse esté dampnez.
Helas ! monseigneur mon cousin,
Je vaulx trop pis que Zarrasin
Qui croit en la loy de Mahon. »
A tant ² remonta en l'arçon,
470 Illecques ³ plus ne reposa,
Le cor sus son seigneur posa ;
Dolens s'en va parmy le bois,
Moult courouciés et moult destrois ;

¹ *Mesprison*, faute, tort.
² *A tant*, alors.
³ *Illecques*, là, *illic*.

Lasche la resne, laisse aler
Le cheval où vouloit aler;
Il se tourmente et se maudit,
Tant qu'a bien pou qu'il ne s'occit;
Souvent lui change sa couleur,
Point n'a de fin en sa douleur.
480 En cel estat chevauça tant
Que forment ala approchant.
La fontaine de Soif-Jolie [1],
Qu'on dist qui vient de faerie [2] :
Tristes et las, droit là s'adresce;
Son cheval parmy une sente [3] adresce,
Car le cheval partout aloit
Et çà et là où il vouloit,
Pour ce qu'avoit lasché la raine.
A celle fontaine l'amaine,
490 Par devant passe appertement [4],
Onques ne fist arestement :
Son cheval vistement l'emporte;
Mais adez il se desconforte.

  Or est-il dessus la fontaine,
Qui tant estoit clere et saine,

---

[1] *Soif*, haie.
[2] *Faerie*, pays des fées.
[3] *Sente*, sentier.
[4] *Appertement*, ouvertement, tout droit.

Trois dames de grant seigneurie;
Mais au passer ne les vit mie,
Tant ot la pensée dolente.
Adont parla la plus gente,
500 La plus cointe ¹, la plus jolie,
Disant : « Ains ne vy en ma vie,
Et fust au soir ou au main ²,
Gentil homme passer à plain
Devant dames sans saluer;
Je vueil aler à lui parler. »
A lui s'en vint, la resne prist,
Et puis appertement lui dist:
« Par Dieu ! vassaulx, ne monstrez mie
Que soyés de noble lignie,
510 Quant devant nous trois trespassez ³
Et sans mot dire oultre passez:
Ce n'est pas fait de gentilesce. »
Cellui, qui douleur forment blesce,
Tressault et la dame apparçoit:
Lors cuide que fantosme soit,
Ne scet s'il veille ou s'il dort,
Il a la couleur d'omme mort;
A celle riens ne respondy,

¹ *Cointe*, gracieuse, sage, bien instruite, *compta*.
² *Main*, matin, *mane*.
³ *Trespasser*, passer.

Pour sa douleur riens n'entendy.
520   La dame à parler reprist
Tantost, et haultement lui dist :
« Et comment, Raymon, ce dist-elle
Qui vous a apris qu'à pucelle,
Ou à dame, quant la veez,
Vostre parole vous veez ¹ ?
Ce vous vient de grand vilenie.
En vous doulceur et courtoisie
Déust manoir et toute honneur;
Ce vous est très grant deshonneur,
530   Qui estes de noble nature,
Que vostre cuer se desnature. »
Raymon l'entend, si la regarde;
Esbahis fut quant se prent garde
Qu'il se vit tenu par le frain.
Mais quant il vit le corps humain
De la dame qui le tenoit,
Où si grant beauté avoit,
Il entr'oublia ses ennuis
Et ne scet s'il est mors ou vis;
540   Du cheval sault jus ² sur l'erbage,
Puis lui dist : « Gracieux ymage,

---

¹ *Veer*, refuser, *vetare*.
² *Sault jus*, saute à bas.

Dame de grant beauté parée
A qui nulle n'est comparée,
Pardonnez-moy pour Dieu mercy :
J'ay de douleur le cuer noircy
Par trop merveilleuse aventure.
Par ma foy! dame, je vous jure,
En tel estat là où j'estoie
Ne me souvient que je faisoie :
350 Tant avoie grant dueil et ire,
Voire [1] plus qu'on ne pourroit dire ;
Ne je ne vous appercevoie mie.
Mais, noble dame, je vous prie
Que le me vueilliés pardonner :
Dame, je le vueil amender
Tout ainsi qu'il vous plaira. »
Adonques la dame parla
Et respondy : « Raymon, je suy
Moult dolente de vostre ennuy. »
360 Quant Raymon ainsi s'ot [2] nommer,
Ung pou commença à penser.
« Dame, dist-il, vous congnoissiés
Mon nom, dont suy esmerveilliés.
Par ma foy! je ne congnois mie

---

[1]. *Voire*, vraiment, *vere*.
[2] *S'ot*, s'ouït, s'entendit.

Vo nom ; mais vo philozomie ¹,
Où j'apparçoy si grant beauté,
Si me fait croire en verité
Que je me doy asséurer
Et qu'encor pourray recouvrer
570 Par vous aucun bon reconfort
De mon dueil, de mon desconfort ;
Car de si belle creature
Ne puet fors bonne aventure
Venir, éur ² et trestous biens.
Je ne croy que corps terriens
Puisse si grant beauté avoir,
Tant de doulceur, tant de savoir,
Comme a en vostre gent corps. »
— « Raymon, bien sçay comment il va lors,
580 Dist-elle, de tout vostre affaire. »
Adont lui prist tout à retraire,
Comme dessus avez oy :
Dont Raymon forment s'esjoy,
Combien que moult esbahy fu
Comment elle l'avoit scéu.
 Lors dist la dame au corps gentilz :
« Raymondin, entens, mon beau filz :

---

¹ *Philozomie*, physionomie.
² *Éur*, heur, bonheur.

Tout tant que tes sire te dist
Sera acomply par mon dit,
590 Mais que tu vueilles ainsi faire
Comme tu le m'orras retraire,
Au plaisir de Dieu le pere
Et de sa glorieuse mere. »
Quant Raymon l'ot de Dieu parler,
Forment se prist à asseurer
En disant : « Doulce dame gente,
Je mettray mon cuer et m'entente [1]
A tout le vostre plaisir faire ;
Mais je ne me pourroie taire
600 Que ne vous demandasse voir [2]
Comment povez mon nom savoir,
Et comment povez savoir le fait
Qui par meschief a esté fait,
Dont j'ai trop bien mort deservie [3]. »
— « Raymon, or ne t'esbahis mie,
Dist la dame ; Dieux te aidera,
Se tu veulz, et plus te donra
De bien que ton seigneur ne dist,
Qui mort froid en la forest gist.
610 Ne te vueilles desconforter,

[1] *Entente*, attention, application.
[2] *Voir*, vraiment.
[3] *Deservir*, mériter ; anglais, *to deserve*.

Je t'aideray à conforter :
Je sui après Dieu tes confors.
Tu aras du bien assez fors [1],
Se tu me croies vraiement ;
Et ne te doubtes aucunement
Que pas de par Dieu je ne soie
Et qu'en ses vertus je ne croie :
Je te promès bien que je croy
En sainte catholique foy ;
620 Je tieng et croy chascun article
De la sainte foy catholique :
Que Dieu nasqui, pour nous sauver,
De la Vierge sans l'entamer,
Et pour nous mort endura,
Et au tiers jour resuscita,
Et puis après monta ès cieulx,
Où il est vrays homs et vrais Dieux,
Et siet à la destre du Pere.
Raymon, entens-moy, mon chier frere ;
630 Je les croy toutes fermement,
Sans y faillir aucunement.
Or me croy, que sage feras
Et à tel honneur monteras
Que plus seras de hault parage

---

[1] *Fors*, dehors, *foras*.

LE LIVRE DE LUSIGNAN.

Que ne fu pié ¹ de ton lignage. »
Lors prist Raymon à muser,
Et se commence à aviser
Aux paroles que dire oy;
A son cuer lors se resjoy
640 Ung pou, et lui revint couleur
Et moult amenry ² sa douleur.

Lors respondy sans nulle delay:
« Ma chiere dame, je feray
De très bon cuer, sans retarder,
Tout ce que vouldras commander. »
— « Raymon, dist-elle, c'est bien dit;
Or entendez sans contredit.
Vous me jurerez Dieu et s'image
Que me prendrez en mariage,
650 Et que jamais jour de vo vie,
Pour parole que nul vous die,
Le samedy n'enquerrerez
N'enquestez aussi ne ferez
Quel part le mien corps tirera
N'où il yra ne qu'il fera;
Et aussi je vous jureray
Qu'en nul mauvais lieu je n'iray,

---

¹ *Pié*, individu.
² *Amenrir*, amoindrir, diminuer.

Mais tousjours à celle journée
Mettray cuer, force et pensée,
660 A votre honneur essaucier [1]
Et acroistre et avancier;
Jà [2] ne m'en verrez parjurer. »
Raymondin le voult jurer;
Ainsi fu-il, il le jura;
Mais en la fin se parjura:
Dont grant meschief lui avint,
Pour ce que son couvent [3] ne tint.
« Raymon, dist-elle, or [4] entendez.
Se ce point vous ne me tenez,
670 Vous me perdrez certainement,
Sans plus me veoir aucunement.
Après ce, vous et vostre hoir
Commenceront à decheoir
De terres, d'onneurs, d'eritages,
Dont dolens seront en leurs courages. »
Raymon secondement jura
Que jà ne s'en parjurera.
Helas, dolent! il en menty,
Dont depuis grant douleur souffry,

---

[1] *Essaucier*, exhausser, élever.
[2] *Jà*, jamais.
[3] *Couvent*, convention, promesse.
[4] *Or*, maintenant.

680 Et s'en perdy sa dame chiere,
Que tant aimoit et tenoit chiere.
Au present plus n'en parleray,
A mon propos retourneray.
« Raymon, dist-elle, vous yrez
(Et pas ne m'en escondirez)
A Poitiers tout hardiement;
Alez-y bien et pleinement.
S'on vous fait demande ne compte
De votre sire, n'en faites conte ;
690 Dictes qu'au bois l'avez perdu
Et que moult l'avez attendu,
Cerchié et quis ou bois ramage [1],
A la chasse du porc sauvage :
Moult des autres venus seront,
Qui tout l'equipolent diront ;
Puis sera vo sires trouvez,
Et à Poitiers mors apportez.
Adont la douleur lievera [2],
Chascun grant dueil demenera;
700 Grant dueil demenera la dame,
Et pour elle mainte autre fame;
Ses enfans meneront dueil fier:

[1] *Ramage*, sauvage.
[2] *Lievera*, lèvera, se lèvera.

Aidiés-les à reconseillier.
Et de l'obseque aussi qu'il fault,
Conseilliés-les et bas et hault ;
Car on doit faire à grant seigneur
Son obseque par grant honneur.
Vestez le noir comme ilz feront ;
Et quant le dueil passé auront,
710 Et que sera li heritiers
Receu en conte de Poitiers,
Et aura ses hommages pris
Des hommes de son pays,
Demandez au seigneur Ydon,
Pour tout le vostre guerredon ¹
Du service que fait aurez
Au conte derrain ² trespassez,
En ceste place proprement
Où nous sommes cy à present,
720 Tant qu'un cuir de buef pourra clorre
Et de bois et de pays enclorre ;
Et il le vous accordera,
Ne point ne vous escondira.
Faites que vous en aiés lettre,
Et y faites la cause mettre

¹ *Guerredon*, récompense.
² *Derrain*, dernier.

Du don et par quele achoison [1]
On le donne et par quele raison;
Et puis mettez jour qu'on vous livre
Le don et qu'on le vous delivre.
730 Et quant les lettres vous arez,
D'ilecques vous departirez;
Ung pou vous yrez deporter.
Se vous voyés ung homme porter
Ung cuir de cerf grant et large,
Achetez-le, je vous l'encharge,
Voire, quoy qu'il doie [2] couster;
Et puis si ferez decouper
Ung corion [3] à celle piece.
Ne soit pas fait à large piece;
740 Ains soit fait le plus deliée
Tout entour du cuir, et coupée
Comme couper on le pourra,
Voire, tant que le cuir durera.
Puis faites ung fardeau faire,
Après vous mettez au repaire [4],
Et faites que cecy à bandon [5]

[1] *Achoison*, occasion.
[2] *Doie*, doive.
[3] *Corion*, courroie.
[4] *Repaire*, retour.
[5] *A bandon*, entièrement, sans retour.

On vous delivre vostre don
Dessus ceste clere fontaine.
Or ne plaingniés point vostre paine :
750 Vous trouverez la place faite
Par tous les lieux où il me haite [1]
Que vostre terre se comporte.
Se le corion plus loing porte
Que le ront que fait trouverez,
Contreval [2] vous le ramenrez.
Le courant de ceste fontaine
Vous demonstrera clere et saine
Où vous prendrez le remenant [3]
Ou corion et le tenant.
760 Hardiement faites sans peur ;
Et quant tout aurez asseur
Et qu'à Poitiers serez tournez,
Prendrez congié et retournez,
Qu'en [4] ceste place proprement
Me trouverez certainement.
Or me tenez le convenant [5]
Que vous m'avez enconvenant. »

[1] *Il me haite*, il me plaît.
[2] *Contreval*, en bas.
[3] *Remenant*, reste, *remanens*.
[4] *Qu'en*, car en.
[5] *Convenant*, convention ; anglais, *covenant*.

LE LIVRE DE LUSIGNAN.

— « Dame, dist Raymon sans delay,
Vostre commandement feray,
770 Quoy qu'il me couste à l'achever,
Puis qu'il vous plaist à commander. »
De là se part et congié prent,
Joyeusement la chose emprent,
A Poitiers vient au matinet;
Maintz lui demandent : « Raymonnet,
Où est vo sire demourez?
Comment n'est-il pas retournez? »
Si leur respondy Raymondin :
« Hier le perdy sur son ronchin [1],
780 Qui l'emportoit sy ardemment
Que c'estoit esbahissement;
N'onques ne le pos [2] aconsuir [3],
Tant de près le sceusse suir [4].
Ou bois s'en va, je le perdy;
Oncques depuis je ne le vy. »
Ainsy Raymondin s'excusa.
Ame du fait ne l'accusa,
Car jamais homme n'eust créu
Que le fait lui feust avenu,

---

[1] *Ronchin*, roussin, cheval.
[2] *Pos*, pus.
[3] *Aconsuir*, atteindre.
[4] *Suir*, suivre.

790 Combien que moult destrains [1] estoit
Et que du fait moult souspiroit;
Mais il failloit au bacheler
Le fait secretement celer
Qui lui avint en celle chasse.
Pluseurs arrivent en la place,
Qui de la chasse sont venus,
Autant les grans que les menus.
Près de Raymon se trairent [2] tuit;
N'y a cellui à qui n'ennuit
800 Qu'ilz ne pevent savoir le voir [3]
Où le seigneur remaint [4] au soir.
Moult dolente en fu sa mouillier,
De lermes va son vis [5] mouillier,
Et tous ses enfans ensement [6]
Estes-vous [7] venuz en present
Deux vassaulx qui le corps aportoient
Que mort ou bois trouvé avoient
(C'estoit du conte de hault nom),
Et le porc. Lors leva le ton ;

---

[1] *Destrains*, affligé, pressé par la douleur, *districtus*.
[2] *Se traire*, se tirer.
[3] *Voir*, vrai.
[4] *Remaint*, resta.
[5] *Vis*, visage.
[6] *Ensement*, pareillement.
[7] *Estes-vous*, voici.

810 Pleurent bourgois et escuiers,
Pleurent dames et chevaliers,
Pleurent vieulx et joennes gens,
Pleurent la mort du conte gent.
Quant la contesse en sçot le voir,
De dueil ot le corps taint et noir;
Ses cheveux descire et desront [1],
En pleurs et en lermes se font.
Pleure sa fille et ses beaux filz,
Pleure Raymondin le gentilz,
820 Pleurent prestres, pleurent chanoine,
Par Poitiers chascun dueil demaine,
Pleurent li grant et li petit.
Huy mais ne vous aroie dit
Le dueil qu'en la cité menoient
Ceulz qui le conte mort veoient:
Chascun plouroit la mort de lui.
Le conte fu ensevely,
Noblement font l'anniversaire;
Moult y ot noble luminaire.
830 Mais li bourgois de la cité
Ont le porc en ung feu getté.
Les barons du pays y furent,
Et bien y firent ce qu'ilz durent.

[1] *Desront*, brise, arrache, *disrumpit*.

On voit le dueil en brief [1] passer,
Quant on ne le puet amender.
Raymon si bien s'en acquitta
Que mainte personne dicte a :
« Cestui sent au cuer grant douleur
Pour la pitié de son seigneur. »
840 Si faisoit-il en verité,
De le veoir estoit grant pité.
 Après quant l'obseque fu fait,
Les barons alerent de hait [2]
Au nouvel conte faire hommage,
Selon le temps et l'usage.
Adont Raymon avant se trait,
Sa requeste fait bien à trait,
Si comme lui avoit anoncié
La dame dont ot prins congié :
850 « Chier sire, dist-il, donnez-moy
Près de la fontaine de Soy,
De bois ou roche ou en valée,
Soit en prez ou en arée [3],
Tant q'un cuir de cerf estendray :
En cela pas demandé n'ay
Chose qui vous couste grammement,

[1] *En brief*, bientôt, *in brevi.*
[2] *De hait*, avec joie, avec empressement.
[3] *Arée*, terre arable.

Je ne quier autre paiement
Pour tout ce qu'ay servi, par m'ame,
Vostre pere, dont Dieux ait l'ame! »
860 Le joenne quens dit: « Je l'ottrie,
Mais qu'il plaise à ma baronie. »
Lors dirent les barons: « Pour voir,
Raymon puet bien ce don avoir;
Car il l'a moult bien deservi :
Monseigneur a loyaument servi. »
— « Or l'ait, ce dit le conte, dont. »
Ses lettres faire lui en font.
Subtilement furent devisées [1],
Puis escriptes, après sellées
870 Du grant seel au nouveau conte,
Qui bel estoit et de grant conte;
Les hauls barons firent tous mettre
Leurs grans seaulx à celle lettre.
La lettre fu bien devisée,
Bien faite et moult bien ordonnée.
Le jour fu mis de lui livrer
Son don et de lui delivrer.
Lendemain ung homme trouva
Qui ung cuir de cerf apporta;
880 Cellui fu courtois et lui baille

---

[1] *Devisé*, conçu, rédigé.

Moult delié et cuir de taille;
Son don requiert qu'on lui delivre,
Et le conte dist qu'on lui livre.
De Poitiers partent de randon ¹,
Pour livrer à Raymon son don,
Gens que le conte y ot tramis ²
Pour acomplir ce qu'ot promis,
Lors sont venus à la fontaine,
Tout droit où Raymondin les maine.
890 Raymondin a son cuir dessachié ³;
Mais moult se sont esmerveillié,
Quant si delié taillié le voient;
Ilz ne scevent que faire doient.
Deux hommes sont là survenu,
Prennent le cuir taillié menu,
Tantost l'ont mis en ung luisel, ⁴
Et en firent ung grant troussel;
Le bout à ung pel ⁵ ont noué,
Le rochier ont environné,
900 Mais du cuir grantment demoura.
Au pal li ung fort l'atacha,

---

¹ *De randon*, en toute hâte.
² *Tramettre*, transmettre, envoyer.
³ *Dessachier*, tirer du sac, déballer.
⁴ *Luisel*, ou mieux *liusel*, petit lieu, petite place.
⁵ *Pel*, *pal*, pieu.

Le bout emporte contreval,
Car il tenoit trop bien au pal;
Et du long un ruissel sourdy:
Dont chascun forment s'esbahy,
Car ains n'y ot-on eaue veue.
Quant ilz ont la place véue
Que le cuir de cerf enseignoit [1],
Et le pays qu'il comprenoit,
910 Chascun d'eulx n'éust pas cuidié
Qu'enclorre en péust la moitié :
Si se merveillent durement
Du pays que le cuir comprent;
Mais l'ençainte lui ont baillié,
Ainsi qu'il leur fu enchargié
- En la tsartre, puis sy s'en vont.
A Poitiers vindrent, compté ont
Au conte toute la merveille
(Onques ne virent la pareille),
920 Et que le cuir de cerf tenoit
Deux lieues de tour et comprenoit,
Et des deux hommes qui le cloirent [2],
Et aussi du ruissel qu'ilz virent
Sourdre contreval la valée.

[1] *Enseignoit*, imparfait du verbe *enceindre*.
[2] *Cloirent*, parfait du verbe *clore*.

44 LE LIVRE DE LUSIGNAN.

« Je croy que c'est chose faée [1],
Dist li quens (que Dieu me pourvoie!),
Que Raymon a trouvé en voie;
Car on dit qu'à celle fontaine
Mainte autre merveille soudaine
930 A-on là véu avenir.
A Raymon en puist bien venir!
Car vraiement je le vouldroie. »
Raymon parla, qui ot grant joie;
Car venu l'estoit mercier
De son don et regracier [2],
Et respondy : « Grant mercis, sire ;
De vostre bien vous plaist à dire.
Je ne sçay qu'il m'en avenra ;
Mais, se Dieu plaist, bien m'en venra [3]. »
40 Ce là passa jusqu'au matin,
Raymon monta sur son roncin,
A la fontaine de Soif va ;
Illecques sa dame trouva,
Qui lui dist : « Amy, bien viengnez ;
Vous estes sage et enseignez
Et avez très bien labouré [4]. »

[1] *Faée*, fée, produite par une fée.
[2] *Regracier*, rendre grâces.
[3] *Venra*, viendra.
[4] *Labourer*, travailler, *laborare*.

A tant¹ à la chappelle entrerent,
Qu'assez près d'illec trouverent;
Dames y treuvent et chevaliers,
950 Clers, prelas, prestres, escuiers,
Vestuz et parez noblement.
Raymon s'en merveille forment
Du peuple qu'il a là véu :
Pour ce, tenir ne s'est péu
Qu'il n'ait demandé au corps gent
La dame dont tant de gent,
Comme il voit, pevent venir.
« Jà ne vous en fault esbahir,
Dist la dame, ilz sont tous à vous. »
960 Adont leur commanda à tous
Que comme seigneur le reçoivent,
Et si font-il ainsi qu'ilz doivent :
Ilz lui firent grant reverence;
Mais Raymondin en son cuer pense,
Et dist tout bas bien quoiement² :
« Veez cy noble commandement,
Dieu doint que la fin en soit bonne ! »
Adont la dame l'araisonne³,
Disant : « Raymon, vous que ferez?

¹ *A tant*, alors.
² *Quoiement*, doucement.
³ *Araisonner*, parler à.

970 Tant qu'espousée vous m'arez,
Ne pourrez l'estat veoir
Dont je vous pense à pourveoir. »
Raymondin dist : « Je sui prest sans faille [1]. »
La dame dist : « Il fault qu'il aille,
Raymon, mon frere, autrement;
Nous le ferons honnestement.
Traveillier vous fault et pener [2],
Tant que gens puissiés amener
Qui aient du fait congnoissance ;
980 Et si n'ayés point de doubtance [3] :
Tous les gens qui y venront
Assez de biens y trouveront ;
Mais gardez que soyés lundy
En ceste propre place cy. »
Raymon respondy : « Vraiement,
Je feray vo commandement. »
De là se party Raymondin
Et retourna sur son roncin ;
A Poitiers vint, là descendy.
990 Tantost ala, plus n'attendy,
Devers le conte de Poitiers,
Qui le reçut très voulentiers.

[1] *Sans faille*, sans faute.
[2] *Pener*, prendre de la peine.
[3] *Doubtance*, crainte.

Bien le sçot Raymon saluer;
Sans couleur changer ne muer,
Vers lui forment s'umelia.
Adont son fait compté lui a:
« Monseigneur, dist le bacheler,
Je ne vous doy mon fait celer;
Mais tout le vous compteray,
1000 De riens ne vous menteray:
Je me doy lundy marier
Et une grant dame affier
Droit à la fontaine de Soy;
Je n'aime riens tant comme soy.
Je vous pry que vous y venez,
Et de voz gens y amenez,
Monseigneur, pour vous honneur faire
Et vostre mere debonnaire,
Ma chiere dame redoubtée,
1100 Qui tant est noble dame clamée [1]. »
Le conte dist: « Raymon, g'iray;
Mais avant vous demanderay
Qui est la dame que prenez,
Gardez que vous ne mesprenez,
Dont elle est et de quel lignage.
Est-elle de moult hault parage?

---

[1] *Clamer*, appeler.

Dictes-moi, cousin, qui elle est;
Car d'y aler je sui tout prest. »
— « Sire, dist-il, ce ne puet estre;
1020 Plus ne m'enquerez de son estre,
Car vous n'en povez plus savoir.
Bien vous souffira à veoir. »
Le conte dist : « C'est grant merveille;
De vostre fait moult m'esmerveille,
Qui prenez femme et ne savez
Qui elle est, et que vous n'avez
Congnoissance de ses parens. »
— « Sire, dist-il, par saint Lorens!
Je la voy de si noble arroy [1]
1030 Com s'elle estoit fille de roy;
Plus belle ne fu vene d'ueil :
Celle me plaist et je la vueil.
De son lignage n'ay enquis,
S'elle est de duc ou de marquis;
Mais je la vueil, elle me plaist. »
A tant le bon conte se taist,
Si dist à Raymon qu'il y ira
Et sa mere o lui amenra,
Et de sa noble baronie
1040 Grant foison. Raymon le mercie.

[1] *Arroy*, train, équipage.

Le lundy vint, on s'appareille ;
Le conte au matin s'esveille,
Sa mere maine avec soy,
Qui moult estoit en grant arroy,
Mainte dame et maint chevalier;
Mais moult se prent à merveillier
Comment et où ilz se logeront,
Quant à la fontaine ilz seront;
Mais de ce ne se fault doubter,
1050 On y fait beaux lieux aprester.
Raymon et eulz tant chevaucierent
Que du coulombier approchierent
La villette, et oultre s'en vont;
Ilz chevaucierent contremont,
Le bois passent, la roche voient,
Les tentes qui tendues estoient
Soubz la falise en my la plaine,
Et le rieu¹ jouxte la fontaine
Qui sours² y fu nouvellement.
1060 Chascun se merveille forment,
Bien dient c'est faerie;
Regardent en la praerie
Trefs³, tentes et pavillons,

¹ *Rieu*, ruisseau.
² *Sours*, éclos, éclose.
³ *Tref*, espèce de tente.

Et le doulz chant des oysillons
Qui retentist ou vert boscage,
Dessus le rieu, ou bois ramage ¹;
Grant peuple voient fourmoier ²
Et ces cuisines fumoier,
Et leur semble moult grant ost.
1070 Es-vous ³ venir vers eulz tantost
Jusqu'à soixante chevaliers,
Joennes, fors, appers ⁴ et legiers,
Montez et armez noblement,
Jà ne fault demander comment.
Le noble conte demanderent
De Poitiers, et cilz lui monstrerent
A qui ilz l'orent demandé.
Raymon ont tantost regardé
En la compaignie du conte,
1080 Qui de lui tenoit grant compte;
Au conte viennent humblement,
Moult le saluent doulcement.
Le conte le salut rendy
A chascun, pas n'y attendy,
Selon qu'à lui appartenoit

---

¹ *Ramage*, touffu.
² *Fourmoier*, s'agiter comme des fourmis.
³ *Es-vous*, voici.
⁴ *Appers*, ouverts.

Et du lieu de quoy il venoit,
Aux grans, aux petis et au mendre [1],
Bien sçot [2] à chascun salut rendre;
Et ceulz où il n'ot point de blame,
1090 Lui vont dire comment leur dame,
Mellusigne, le mercioit
De ce qu'à leur feste venoit
Et que leur a voulu chargier
Que bien le voulsissent [3] logier.
Le conte dist à sa plaisance:
« Cy voy jà moult belle ordenance. »
Le conte noblement logierent,
Moult belle tente lui baillierent;
Bien logiés furent li destrier
1100 A mengouere et à rastelier,
Qu'on ot fait en ses tentes faire :
Grant chose estoit de leur affaire.
La contesse fu recéue
En une chambre à or batue [4],
Qu'on ot tendue sur la fontaine.
Mainte dame de beauté plaine
Vont la contesse aconpaignant,

---

[1] *Mendre*, moindre.
[2] *Sçot*, sut.
[3] *Voulsissent*, voulussent.
[4] *A or batue*, ornée de lames d'or.

Chascun lui fait le bien viengnant [1],
Trestous forment se merveilloient
1110 De la noblesse qu'ilz veoient ;
Jamais tant veoir n'en cuidassent,
En quelque place qu'ilz alassent.
Raymon avec le conte loga.
La chappelle, n'en doubtez jà,
Fu richement appareillie,
De riches joyaux bien garnie.

---

[1] *Lui fait de bien viengnant*, lui souhaite la bien-venue.

Des espousailles de Raymon et de Mellusigne.

Que voulez-vous que je vous compte ?
La contesse et le noble conte
Si ont demandé l'espousée,
1120 On leur a tantost amenée
Mellusigne enmy¹ la chappelle.
La damoiselle fu tant belle
Et si richement atournée
Que trestous ceulx qui la journée
La virent, dirent pour certain
Que ce n'estoit point corps humain,
Mais sembloit mieulx corps angelique.
Adont le conte s'applique
De Mellusigne recevoir,
1130 De ce fist moult bien son devoir ;

¹ *Enmy*, au milieu de.

Aussi fist la noble contesse.
Tous deux furent à la messe.
Grant y fu le tabouremens [1]
De hauls et de bas instrumens,
Tant que jusqu'en Constantinoble
Ne fu mais faite feste si noble;
Tout le bois en retentissoit.
N'y a personne qui là soit
Qui ne die : « Veez cy merveille,
1140 Onc ne vit homme la pareille. »
Espousez furent à grant joie;
Après la messe ont pris la voie :
Le conte enmaine l'espousée,
Et ung prince de la contrée;
En la maistre salle s'en vindrent,
Que toutes gens sans noble tindrent.
Les mès sont pris, ilz vont laver [2],
Puis s'assistrent sans arrester.
Le conte siet lez [3] l'espousée.
1150 La contesse est après alée,
Puis du pays ung grant seigneur,
Qui là fu assis par honneur.
Raymon sert et les chevaliers,

[1] *Tabouremens*, concert.
[2] *Laver*, se laver les mains.
[3] *Lez*, à côté de.

Les mès portent les escuiers.
Biens orent à si grant plenté
Que ce fu grant infinité :
Vins d'Amiens et de Rochelle,
Qui fait eschauffer la cervelle ;
Vin de Thouars et de Beaune,
1160 Qui n'avoit point la couleur jaune ;
Claré, rommenie, ypocras
Y couroit et par hault et par bas ;
Vin de Tournus, vin de Digon,
Vin d'Aucerre et de Saint-Jangon,
Vin de Saint-Jehan-d'Angely
(On tenoit grant compte de ly),
Vin d'Estaples et de Viart,
Vindrent après le vin bastart ;
Vin de Saint-Poursain, vin de Ris,
1170 Orent des vins clarez le pris ;
Losaye nouveau du Duyenon
Orent des meilleurs vins le nom ;
Et s'orent vin de Previlege,
Chascun en avoit en sa lege [1] ;
Si a chascun ce qu'il demande,
Tant de vin comme de viande.
Après le disner fist-on, jouste

---

[1] *Lege*, coupe, verre.

La fontaine, moult belle jouste;
Mais Raymondin tant fort jousta
1180 Certainement que bien jouste a.
Les joustes jusques au soir durérent,
Et puis après souper alèrent.
Vespres dictes, assis se sont
Et à grant plaisir soupé ont.
Quant soupé ont à leur devis [1],
Lors danserent, ce m'est avis,
Moult longuement sans long atens;
Et quant on vit qu'il fu bien temps
D'aler couchier et de partir,
1190 On fist l'espousée partir
Et en ung pavillon retraire.
Moult avoit cousté à pourtraire [2],
Pourtrait estoit à oysillons;
Moult estoit riches pavillons.
Tantost fu aprestez le liz,
Qui couvert fu de fleurs de liz.
Là vint Raymon, qui se coucha;
Mais ung evesque qui estoit là,
Le lit seigna et benéy
1200 Adont *in nomine Domini*.

[1] *Devis*, souhait.
[2] *Pourtraire*, peindre.

Puis d'illec chascun se part,
Pour ce qu'il estoit jà moult tart.
Le conte se trait¹ en sa tente ;
Et sa mere, sans longue attente,
En sa chambre s'en va couchier.
Chascun sy s'en va herbergier.
Aucuns veillierent toute nuit
En menant soulas² et deduit³ ;
Chantent, dansent et esbanient⁴,
1210 Maintes belles chançons dient.
De celle feste vous lairay⁵,
Et de Raymondin parleray,
Qui o Mellusigne gisoit,
Auquel moult doulcement disoit :
« Or entendez, beaux doulz amis ;
Aventure nous a soubsmis
A ce qu'ensemble venus sommes
Ainsi que femmes et hommes.
Je suis en vo commandement,
1220 Mais que tenez le serement
Que le premier jour vous féistes.

---

¹ *Se trait*, se tire, s'en va.
² *Soulas*, joie.
³ *Deduit*, divertissement.
⁴ *Esbanier*, s'amuser.
⁵ *Lairay*, laisserai.

Je sçay moult bien, quant vous venistes
Pour prier le conte de Poitiers
Qu'il venist et ses chevaliers
Vous faire honneur à la journée
Et que je devoie estre espousée,
Qu'il vous enquist moult que j'estoie
Et de quel lignage venoie;
Vous respondistes bien à point.
1230 Amis, or ne vous doubtez point;
Car se le convenant¹ tenez,
Vous serez le mieulx fortunez
Qui oncq en vo lignage fust,
Quelque fortune qu'il éust;
Et se vous faites le contraire,
Vous en aurez gramment² à faire
Paines, ennuis, adversitez,
Et en serez desheritez
Du mieulx de vostre tenement :
1240 Il est ainsi, certainement. »
— « Dame, dist-il, je vous plevis ³
Que tant comme je soie vis,
Ne faulseray le convenant
Que vous ay promis au devant

¹ *Convenant*, convention, promesse.
² *Grammment*, grandement.
³ *Plevir*, garantir, promettre.

Et qu'encores je vous promet. »
Sa main en la sienne adont met
Et lui fait moult grant serement
Qu'il le tendra entierement.
Mellusigne lui respondy:
1250 « Mon très doulz ami, je vous dy,
Se vos convenant me tenez,
Vous estes de bonne heure ¹ nez.
Or le tenez, je vous en prie;
Car de ma part ne fauldra mie. »
Que vous iroie plus comptant?
Qu'ilz deux celle nuit firent tant
Q'un moult beau filz fu engendrez,
Qui Urien fu appellez.
Moult fist de beaux fais en son temps,
1260 Ainsi que vous orrez par temps.

La feste dura quinze jours;
Puis en la fin aux seignours
Melluzigne grans dons donna,
Et aux dames qu'on amena
Avec la noble contesse.
Chascun dist: « Beau sire Dieux, qu'esse
Que nous voions cy à present?
Mariez est moult haultement

---

¹ *De bonne heure*, sous une heureuse étoile.

Raymondin, louez en soit Dieux !
1270 On ne pourroit ou monde mieux. »
Et puis quant vint au departir,
Lors Mellusigne ala ouvrir
Ung escrin d'ivoire, où estoit
Ung fermeillet [1] qui moult valoit,
Garny de pierres precieuses
Et de perles moult vertueuses [2] ;
A la contesse le donna,
Qui grant joie de ce don a.
Lors se part le conte et ses gens,
1280 On puet bien savoir se je mens.
Mellusigne si devisoit [3]
L'ouvrage, ainsi qu'on le faisoit.
Dessus la vive roche assirent
Les premieres pierres et mirent.
En pou de temps ont maçonnez
Grosses tours et bien façonnez
Et murs haults comme elle devise,
Bien fondez dessus la falise ;
Deux fors y fist et le donjon
1290 Et haultes braies [4] environ.

[1] *Fermeillet*, fermoir, broche.
[2] *Moult vertueuses*, qui possédaient de grandes vertus.
[3] *Deviser*, tracer, distribuer.
[4] *Braies*, espèce de bastions.

Le pays s'esmerveille fort
Comment si tost on fait le fort;
Et quant basti fu le chateau,
Mellusigne, qui le vit beau,
De son droit[1] nom le baptisa:
Partie de son nom pris a,
Luzignen lui donna en nom;
Encore en est grant le nom
Dont maint portent du fort le cry.
1300 Il est ainsi que je l'escry.
Encor le bon roy ciprien[2]
Si crie en son nom *Luzignen*,
Ainsi com orrez[3] en l'istoire
De quoy après feray memoire.
Mellusigne autant dire vault
Com merveille qui jà ne fault,
Ainsi com fors et merveilleux
Plus qu'autres et aventureux.
Bien fu le chastel achevez,
1310 Et hauls murs tout entour levez.
Chascun disoit: « C'est ung grant fait
Com on a cel fort si tost fait. »
Mellusigne son temps porta,

[1] *Droit*, véritable.
[2] *Ciprien*, de Chypre.
[3] *Orrez*, ouïrez, entendrez.

Au bout de neuf mois enfanta.
Brien le filz ot à nom,
Qui depuis fu de grant renom;
Mais le visage ot moult divers,
Car il l'ot large, court en travers.
L'un œil ot rouge et l'autre vert,
1320 Chascun le voit en appert [1],
Grant bouche et grandes oreilles,
On ne vit onques les pareilles;
Mais de corps fu moult bien tailliés,
De jambes, de bras et de piés:
Il n'y failloit riens par nature;
Moult estoit bien fait à droiture [2].
Après ce temps elle fist faire
Le bourc ou mont de Beau-Repaire.
Les murs sont hauls et les tours drues;
1330 Les alées et les venues
Sont toutes faites à couvert;
Archieres y a à l'ouvert,
Pour lanchier [3], traire et defendre:
Il n'est homme qui le peust prendre,
Tant feust acompaignié de gent.
Le fort est moult bel et moult gent;

[1] *En appert*, ouvertement.
[2] *A droiture*, véritablement.
[3] *Lanchier*, lancer.

Les fossez sont parfons et lez¹,
Couvers de pierres de tous lez²;
Les portes du bourc sont jumelles;
1340 A dire voir³, ilz sont moult belles;
Et entre le bourc et le fort
Ung lieu a merveilleux et fort :
La Tour trompée l'appelle l'en
En la ville de Luzignen,
Car trompeurs zarrasinois
Furent là mis à celle fois
Pour le fort et le bourc garder
Et pour tout entour regarder,
Que gens approchier ne péussent
1350 Que ceulx du fort ne le scéussent.

En cel an ot ung autre enfant,
Oedes ot nom; mais semblant
Ot son vis, comme feu luisoit,
De rougeur tout resplendissoit.
De tous membres fu bien taillez,
Beau corps et bien droit alignez.
En cel an fist la dame belle
Le bourc et le chasteau de Melle,
Après fist Vauvent et Mervant

¹ *Lez*, larges.
² *Lez*, côtés.
³ *Voir*, vrai.

1360 Et puis la tour de Saint-Maxant;
Le bourc fist, commença l'abbaye
Où Nostre-Dame est bien servie,
Puis la ville de Partenay
Et le chastel jolis et gay.
Raymon est par tout redoubté,
A grant honneur est tost monté.

Après cela ot ung beau fieulx,
On vit oncq plus bel des yeulx;
De beauté ot, sans contredire,
1370 Tant qu'on n'y savoit que redire,
Fors que l'un œil plus bas avoit
Que l'autre ung peu, ce sembloit.
On l'appella par nom Guiot,
N'ot-il pas ainsi nom si ot.
En cel an fonda la Rochelle
Mellusigne, la dame belle;
Et puis ne demoura qu'un pou
Que la dame en Poitou
A Saintes fist ung moult bel pont,
1380 Ainsi com la cronique espont[1],
Et en Talmondois ouvra
De quoy moult grant los recouvra.
Tantost après, c'est chose certaine,

---

[1] *Espont*, expose.

LE LIVRE DE LUSIGNAN.

Ot ung filz appellé Anthoine;
Mais en une joue apporta
Ung grif de lyon, qu'il porta
Toute sa vie vraiement:
Ce fu grant esbahissement.
Velu fu et l'ongle ot trenchant,
1390 Dont il fu moins avenant;
N'y ot cellui, tant feust hardy,
Qui n'en ot paour, ce vous dy:
Tout est vray, n'en fault doubter,
Ainsi com vous m'orrez compter.
En Luchembourc maintz beaux fais fist.
La dame les enfans nourist,
Tant qu'ilz furent tout parcréu¹;
Et quant il ot à Dieu pléu,
Ung autre enfant ot de rechief,
1400 Qui ung œil apporta en son chief,
Ou chief assis tout au plus hault.
Cest enfant ot à nom Regnault;
Mais il veoit plus cler que ceulx
Assez qui avoient deux yeulx.
Depuis fist moult de grans merveilles,
Qu'après orras, mais² que tu vueilles

---

¹ *Parcréu*, devenus grands.
² *Mais*, pourvu.

Bien escouter soingneusement.
Puis porta Gieuffroy au Gros-Dent,
Une dent en la bouche avoit,
1410 Qui grandement dehors yssoit¹.
Il fu moult fort et hideux
Et en tous ses fais merveilleux;
Cil occist les moines noirs
De l'abbaye de Mailleres :
Dont son pere se courrouça
Et à Mellusigne toucha²,
Et lui dist tant de vilenie
Qu'il en perdy sa compaignie.
Adonc son estat dechut moult.
1420 Le VII° filz fu Fromont.
Cil fu hault, gros, droit et longs,
Moult bien fourmé et moult beaux homs,
Sage, soubtil et bien senez³ ;
Mais une tache ot sur le nez,
Veluz aussi que peau de lou.
Et puis ne demoura qu'un pou
Que le VIII° enfant nasqui
Tantost de Mellusigne, qui
Trois yeulx ot, dont l'un fu au front,

¹ *Yssir*, sortir.
² *Et à Mellusigne toucha* (lisez *tencha*), et se disputa avec Mélusine.
³ *Senez*, sensé.

1430 De qui l'en se merveille moult.
Cel enfant fu nommé Orrible,
Car au veoir estoit terrible;
Tant fu de mauvais affaire
Qu'il ne pensoit que à mal faire.
  Or revenray à Urien,
Qui d'eulx fu le plus ancien;
Et puis prendray chascun par ordre,
Que l'en n'y sache que remordre [1].
Urien fu beaux escuiers,
1440 Parcreus, fors, appers et legiers.
Aler voult savoir de la guerre,
Et par la mer et par la terre;
Une nef prist à la Rochelle,
Moult grant, moult large et moult belle;
Et pour ce qu'elle estoit si large
(Je treuve que c'estoit une barge),
Dist qu'il veult terre acquerir,
Mais que Dieu le gart de perir.
Grans gens avec lui amaine,
1450 Tant que la barge fu plaine;
Guiot avec lui s'en va.
En maint lieu hardy s'esprouva
Guion son frere, vraiement;

[1] *Remordre*, blâmer.

Et pour bien soudoier leur gent,
Mellusigne d'argent et d'or
Leur fist baillier moult grant tresor.
En mer s'empaint ¹ voille levée,
Tantost descent en la contrée
De Cypre droit : là s'arresterent,
1460 Où belle aventure trouverent.
Le roy de Cypre assis estoit
En une ville qu'il avoit,
Qui Famagouste estoit nommée.
A pou que n'estoit affamée,
Car devant estoit li soudans
A cent mille combatans.
Uriens sceut la verité
De Famagouste la cité,
Terre prent et se rafreschy ;
1470 Assez tost dist : « Partons de cy. »
Vers la cité s'achemina,
Là endroit beau chemin a,
Roidement chemine sa voie ;
Lors sa baniere au vent desploie,
Qui moult estoit delié filée,
De fine soye bien brodée.
Sarrasins sceurent sa venue,

---

¹ *S'empaint*, se met, s'engage.

Et en la cité l'ont seéue :
Lors veissiés l'ost haubergier ¹
1401 Et les gens d'armes deslogier,
Près du soudan rengiés se sont.
Aux Cypriens lors sembla dont
Que le soudan s'en voult fuir,
Si distrent : « Il les fault suir ². »
Le roy arma la belle Hermine,
Sa fille, la belle meschine ³.
Lors fu la trompette sonnée ;
Le roy issy, baniere levée.
La véissiés moult grant effroy.
1490 Paiens voient venir le roy,
Vers lui viennent à grant randon ⁴,
Ilz s'entr'assamblent à bandon ⁵.
Là ot maint Crestien tué,
Et maint Zarrasin mort rué.
Les Sarrazins furent trop fors,
Cypriens monstrent leurs effors.
Le roy d'un dart envenimé,
Qui bien fu forgié et limé,

---

¹ *Haubergier*, prendre position, se loger.
² *Suir*, suivre, poursuivre.
³ *Meschine*, jeune fille.
⁴ *Randon*, vitesse, impétuosité.
⁵ *A bandon*, en foule.

Fu telement feru à point
Qu'en lui de guerison n'a point.
Les medicins si le rapportent,
Dont maintes gens se desconfortent.
Cypriens s'en vont chassant;
Pour Sarrazins s'en vont fuiant;
Dedens la ville les rabatent,
Moult en tuent, moult en abatent.
En la ville fu grant li cris
Pour les blechiés, pour les occis,
Et du roy qui estoit blechiés,
Dont le dueil se r'est enforchiés.
Hermine forment se demente [1],
Moult se debat, moult se tormente,
Tous ses cheveux ronc et descire,
Pour le roy son pere et son sire,
Qu'elle apparçoit feru [2] à mort
Et qu'on n'y scet donner confort.

Du roy cyprien on laira,
Et de Urien on parlera,
Qui tant estoit preux et vaillant,
Appert, legier et bien saillant,
Et de Guion, son gentil frere,

---

[1] *Dementer*, plaindre, lamenter.
[2] *Feru*, frappé.

Voire tout de pere et de mere.
La baniere fu desploïe,
Lors s'embatent en paiennie [1].
La véissiés estour [2] moult fier.
Quant ce vint aux lances baissier,
Moult bien se portent Poitevins;
Pour ce qu'ilz sont nourris de vins,
Plus fors sont et plus appers.
1330 Ilz leur livrent assaulx divers.
Là monstre Urien sa proesce,
Maint en occist et maint en blesce;
Aussi fait son frere Guion,
On le doubte comme ung lion.
Paiens reculent, perdent place :
Lors ne scet le soudan qu'il face,
Des esperons point [3] le destrier
Et empoingne le brant [4] d'acier,
Ung Poitevin va ferir;
1340 Oncques homs ne le pot garir
Qu'en ung pou d'eure mort ne feust.
Ou corps lui mist et fer et fust [5].

---

[1] *En paiennie*, au milieu des payens.
[2] *Estour*, combat, mêlée.
[3] *Point*, pique.
[4] *Brant*, lame, sabre.
[5] *Fust*, bois.

LE LIVRE DE LUSIGNAN.

Quant Urien l'apparçoit,
Il semble que forsené soit;
A deux mains l'espée empoingna,
Au soudan tel coup en donna
Qu'il le fendy jusques aux dens,
Tant entra l'espée dedens.
Le soudan chiet [1] tout roide mors,
1550 Moult s'esbahissent paiens lors.
Tant fist d'armes cil Uriens
Que paiens, Turcs et Sariens,
Lui fuient comme à l'esprevier
L'aloe [2], le lievre au levrier.
Tous s'en fuient vers leur navie [3];
Et Uriens, qui ot envie
De destruire les Zarrasins,
Fiert sur eulx comme sur mastins.
Par Guion et par Uriens
1560 Furent tous occis les paiens.
Uriens ès trefz se loga
Et d'illecques [4] ne se bouga,
Que sur paiens ont conquesté.
N'y ont pas granment aresté,

---

[1] *Chiet*, tombe.
[2] *Aloe*, alouette.
[3] *Navie*, flotte ; angl. *navy*.
[4] *Illecques*, là.

Que les Cypriens sont venus
Et de par le roy sont yssus,
Et lui prioient qu'en la cité
Viengne au roy par grant amisté;
Car à lui ne povoit aler :
1570 A pou qu'il ne povoit parler,
Tant estoit estraint ¹ et mal mis
Et bleciés de ses ennemis.

Et quant Urien l'entendy,
Courtoisement leur respondy
Que voulentiers yroit au roy.
Lors monterent en noble arroy
Urien, son frere et tout l'ost;
Devers le roy vindrent tantost.
Moult vont Cypriens regardant
1580 Urien, moult le voient grant;
Et si ot visage estrange,
D'orrible maniere et estrange.
Chascun se seigne et chascun dit,
Oncques mais tel homme ne vit;
Par raison il devroit conquerre,
A son semblant, toute la terre;
Nulz ne l'oseroit attendre,
Qui se pourroit de lui defendre,

¹ *Estraint*, harassé.

74 LE LIVRE DE LUSIGNAN.

Qui Dieux, qui non pas un geant :
1590 Merveilleux est, je vous creant [1].
Au grant palais descenduz sont;
Lors montent les degrez amont [2],
Le roy treuvent sur une couche,
Enflé le nez et la bouche,
Car de venin estoit tout plains;
Moult estoit regraitié et plaints.
Urien le salue lors.
Le roy, qui fu blecié ou corps,
Tantost le sien salut lui rent :
1600 « Vous m'avez servy noblement
Et m'avez fait grant courtoisie,
Oncq mais n'euz tel en ma vie, »
Ce dist le roy des Cypriens ;
Et puis si dist à Uriens :
« Qui estes-vous ? Comment avez nom ? »

[1] *Creanter*, assurer.
[2] *Amont*, en haut.

Comment le bon roy de Chipre donna à Urien
son royaume et Hermine, sa fille, à femme.

— « Grant roy, Urien m'appelle-on
De Luzignen, sachiés de voir [1];
Bien vueil mon nom faire assavoir,
Pour homme ne le celeroie. »
1610 — « Par foy! dist le roy, j'ay grant joie
Que vous estes cy adrechiés,
Mais que mon vueil [2] faire vueilliés.
Amis très doulz, je sens la mort.
Jamais ne puis avoir confort
De mire [3] ne de medicin,
Car je suis tout plein de venin,
De quoy jamais ne gariray,

[1] *De voir*, en vérité.
[2] *Vueil*, vouloir, volonté.
[3] *Mire*, médecin.

Ains mes jours briefment fineray ;
Mais je vous prie que m'accordez
1620 Ung don où riens vous ne perdez,
Honneur y aurez et prouffit. »
Uriens dist sans contredit
Que voulentiers il le fera
Et le don lui accordera.
Le roy lui a dit humblement:
» C'est bien dit, et plus liement
En mourray. » Lors va commander
Qu'on feist tous les barons mander
Et sa fille, la belle Hermine ;
1630 Et ilz vindrent en brief termine.
Lors dist, « Barons, or entendez.
Plus de vie en moy n'attendez ;
Je ne puis vivre longuement.
Cypre, mon noble tenement,
Que j'ay à mon povoir gardée
Des paiens à pointe d'espée,
Vueil laissier à ma fille Hermine
(En moy n'a point de medicine),
Car elle en est droite heritiere. »
1640 Et ceulx dient à belle chiere [1]
Que moult voulentiers le feront.

[1] *A belle chiere*, avec bonne figure, sans faire la grimace.

Adont hommage fait lui ont
Et repris d'elle leurs terroirs.
Lors reprent à parler li roys :
« Barons, dist-il, or m'entendez.
Vo pays seroit mal gardez
Par femme contre Zarrasins,
Qui trop près sont noz voisins :
Femme ne puet les fiers estours
1650 D'armes porter ne les durs coups.
Sy avoie ainsi avisé
Sur ce fait-cy et devisé
Que moult est Uriens puissant
De Luzignen et moult vaillant,
Qui le soudan a desconfis
De Damas et ses gens occis
Par la prouesce de son corps.
Or m'a-il, j'en sui bien recors [1],
Ung don bien voulu accorder,
1660 Lequel je vouldray demander :
Or lui priez, je vous en prie,
Qu'il ne m'en escondise mie. »
Lors lui prierent moult doulcement,
Et il leur accorde humblement.
Au roy rapportent qu'il fera

[1] *Recors*, souvenant.

Tout ce qu'il lui demandera,
S'en fu le roy joyeux et liez [1];
A Urien a dit: « Or oyez,
Urien, et si me pardonnez.
1670 Ne vueil que riens vous me donnez,
Du vostre ne demande rien;
Mais je vous vueil donner du mien,
Mon royaume et mon heritage
Avec ma fille en mariage,
Car je n'ay point d'autre lignie.
Or la prenez, je vous en prie. »
Et quant les barons l'entendirent,
De ce tous forment s'esjoïrent;
Car Urien forment amoient
1680 Pour le grant bien qu'en lui veoient.
Urien le roy entendy,
Ung pou pensa, puis respondy:
« Je vous mercie, monseigneur,
De quoy me faites si grant honneur;
Mais se respit en vous véisse
De mort, le don pas ne préisse;
Mais, monseigneur, puis qu'ainsy est,
Quant vous le voulez, il me plest. »
Que feroie delaiement?

---

[1] *Liez*, joyeux, en liesse, *lœtus*.

1690 Les nopces furent vraiement.
Ainsi comme on levoit Dieu
De la messe, en ce propre lieu
Où gisoit ly roys maladis,
L'ame rendy: en paradis
La reçoive Dieu par sa grace
Et de tout mal pardon lui face!
Car je vous tesmoing et dy que
Ce fu ung très vray catholique.
Or fu grant joie en dueil muée;
1700 Moult dolente fu l'espousée,
De dueil fu son cuer enserrez.
Le roy après fu enterrez,
Ne demoura pas grantment.
L'obseque fu fait noblement;
Ce fu bien fait, à dire voir:
Roy doit moult noble obseque avoir.
Il n'y ot jouste ne tournoy
Pour la douleur du noble roy,
Qui mort estoit presentement;
1710 Mais on fist bien honnestement
Et haultement le fait des nopces.
Blame n'y orent ne reproches
Ceulz qui se meslerent du fait,
Tant fu la chose bien à point fait.
Il y ot moult très noble arroy,

Bien appartenant à fait de roy.
Les nopces furent moult nobilles;
Là ot bourgois de maintes villes,
Chevaliers, dames, damoiselles,
1720 Joennes escuiers et pucelles,
Qui danserent en la journéé,
Dont la feste fu honnorée.
Ainsi le peuple s'esjoy
De ce que chascun d'eulx oy,
Car adont prist l'espousée
De leur seigneur, la renommée;
Tantost la fist-on couchier.
Urien ne veult atargier [1],
Avec elle couchier s'en ala,
1730 Ou lit despouillié s'en ala.
En celle nuit fu engendrez
Griffon, de quoy parler m'orrez,
Qui puis conquist en paiennie
Grant pays et grant seignourie;
De Colcos acquitta le pas [2],
Ou à plain on ne passoit pas.
Maintes merveilles y avint,
Voire, chascun mois plus de vint.

[1] *Atargier*, tarder.
[2] *Pas*, passage.

Une isle estoit belle à devise,
1740 Où lè Toison fu conquise,
Que Medée fist conquester
A Jason et l'en apporter.
Il la conquist par la prudence
De Medée et par sa science.
Ce seroit trop long à retraire,
Qui vouldroit en ce livre extraire
Les grans merveilles de ceste isle.
Il en y est avenu mille,
Mille, voire, par mille fois
1750 Tant à plain comme à destrois :
Aussi se de l'isle parloie,
Tout hors de ma matiere ystroie.
De l'isle à tant me tairay
Et à Griffon retourneray.
Griffon à force de l'espée
Si fu prince de la Morée,
Puis le port de Jaffe conquist,
Et tant ala et tant conquist
Que Triple [1], la cité vaillant,
1760 Ala par force assaillant,
Voire, par si bonne maniere
Que son panon et sa baniere

[1] *Triple*, Tripoli.

Mist dedens et la conquesta ;
Oncques ung jour ne s'arresta
Qu'il n'alast par mer et par terre
Honneur et loenge conquerre.

A tant de Griffon nous tairons
Et au propos retournerons
De Urien, le roy bien senez,
1770 De Cypre seigneur couronnez.
Le roy d'Armenie, par m'ame!
Si estoit oncle de sa fame ;
Tant que son pere estoit en vie,
Frere estoit du roy d'Armenie.
Ce noble roy armenien
Fu ung homme de moult grant bien ;
Mais ne povoit pas tousjours vivre :
La mort, qui foible et fort delivre,
Le prist, dont ses gens dolens furent.

Comment Guion de Lusignen tu roy d'Armenie

1780 Et de dueil pluseurs en morurent,
      Pour ce que moult bien gouverna
      Son pays tant comme il regna.
      Une fille ot gente et moult belle,
      Plus gente n'en estoit point d'elle [1];
      Autre hoir n'estoit de lui venus.
      Des Hermins [2] fu conseil tenus
      Que devers Chipre envoieroient
      Et au roy requerre feroient
      Que son noble frere Guion
1790 Tramist en leur region,
      Et il ara la damoiselle
      A femme, Fleurie la belle :
      Ainsi l'ordonnent et le tiennent.

[1] *D'elle*, qu'elle.
[2] *Hermins*, Arméniens.

Les messagiers en Cypre viennent,
Au roy ont conté leur message;
Car chascun d'eulx estoit moult sage.
Le roy les reçut à grant joie
Et moult noblement les festoie.
Quant Urien sçot la nouvelle
1800 De Fleurie la gente et belle,
A ses barons conseil en prist.
Chascun s'y accorda et lui dist
Que son frere la envoiast
Et du faire il se hastast.
Guy fu mandé, il l'accorda
Ce que Urien lui commanda;
En mer s'escuippe [1] à moult de gens
D'armes moult nobles et moult gens;
Arrivez est en Armenie,
1810 Où estoit la belle Fleurie;
A terre vint et s'en va oultre.
Les seigneurs vindrent à l'encontre,
Moult le couronnent noblement
Et l'enmainent joyeusement;
De sa venue joie ont,
Tous les estas feste lui font.
Fleurie a tantost espousée,

[1] *S'escuippe*, s'embarque.

Roy fu de toute la contrée.
Les deux royaumes vindrent à droit,
1820 Ainsi que pardevant estoit;
Car ceulx qui les royaumes tenoient
Au devant d'eulx, freres estoient.
Aussi sont ces deux-cy frere,
Tant par pere comme de mere.
Ces deux roys si grandement regnerent
Et en leur temps forment aiderent,
Et ceulx qui d'eulz sont descendu,
Ainsi comme j'ay entendu,
A ceulz de Rodes, ce sachiés,
1830 Et visitez en leurs meschiefs.]
Les deux freres orent des enfans;
Tant vesquirent qu'ilz furent grans.
Moult de beaux fais en leur temps firent
Et moult de paiens desconfirent,
Et après la mort de leurs peres,
Qui estoient ambedeux [1] freres,
Les royaumes bien gouvernerent
Et leurs nuisans suppediterent [2].

[1] *Ambedeux*, tous deux.
[2] *Leurs nuisans suppediterent*, foulèrent aux pieds leurs ennemis.

Cy fine la seconde partie de ce livre, et commence la tierce partie, laquele parle de Anthoine et Regnault de Luzignen, freres.

      Mais d'eulx à present me tairay ;
1840 A leur pere retourneray,
      A Raymondin et à Mellusigne,
      Leur mere, de tout honneur digne.

Cy s'ensuit le XXIe chapitre de ce livre, comment Mellusigne fonda l'eglise Nostre-Dame.

Quant ils oïrent les nouvelles
De leur deux filz, bonnes et belles,
Qui ont conquis deux grans royaumes,
Ilz en distrent les XV pseaumes
En louant Dieu, le roy de gloire,
Par qui ilz ont eu la victoire
Et conquesté leurs ennemis,
1850 Et qu'en si grant honneur sont mis
Que chascun d'eulx est roy clamez
Et de tous leurs subgez amez.
Adonques voult edifier,
Pour Dieu loer et gracier,
Mellusigne, la noble dame,
Et pour le salut de son ame,

Mellusigne, sans atargier,
De Nostre-Dame ung beau moustier [1].
Il est moult bel, g'y ay esté
1860 Et en yver et en esté;
Mellusigne l'edifia
Et moult richement le fonda;
Par tout Poitou à sa devise
Fonda pour lors mainte autre eglise,
En chascun lieu donnoit grant don.
Puis maria son filz Odon
A la fille du noble conte
De la Marche, ce dist le compte.
Regnault, lequel qu'un œil n'avoit,
1870 Grant et gros et fier devenoit;
Anthoine et lui se partirent
De Luzignen et gens susmirent,
Si tost comme ilz orent disné,
Car Anthoine estoit le maisné [2];
Et vers Behaigne [3] s'acheminerent,
Tant qu'à Luchembourc approchierent,
Une ville de grant renom,
Devant laquele ot maint panon.

[1] *Moustier*, monastère.
[2] *Maisné*, cadet.
[3] *Behaigne*, Bohême.

Le roy d'Aussoy ¹ l'avoit assise ²,
1880 Et si l'éust par force prise,
Quant les deux freres sont venus;
A paine s'en feussent tenus,
Car chascun d'eux oy avoit
Pourquoy le roy les guerrioit,
Et c'estoit pour une pucelle,
Qui dedens estoit, gente et belle,
Fille du duc; mais orpheline
Estoit la courtoise meschine.
Le roy la veult par force avoir
1890 A femme, si ne veult mouvoir
De devant celle noble ville
Jusqu'à tant qu'il ait la fille;
Mais les freres vindrent tantost,
Qui amenoient moult grant ost.
Au roy deffiance manderent
Par ung herault qu'ilz amenerent,
De quoy le roy fu moult joieux;
Car il estoit fier et crueux ³.
Les deux freres chevaucent fort,
1900 De loings apparçoivent le fort;

¹ *Aussoy*, Alsace.
² *Asseoir*, assiéger.
³ *Crueux*, cruel.

Voient les banieres au vent,
Qui venteloient moult souvent,
Voient grand foison de gens d'armes
A grans couteaux et guisarmes.
Lors se mettent en ordonnance,
Et arrengier sans detriance [1]
Vont ferir sur leurs ennemis.
A l'assembler fu grant li cris,
Luzignen vont hault escriant,
1910 Ensemble s'en viennent bruiant;
Et quant ce vint à l'assembler,
La terre faisoient trembler:
Tant s'entr'assemblerent fierement,
C'estoit grant esbahissement.
Les Aussois [2] Poitevins assaillent,
Et Poitevins sur Aussois maillent [3];
Moult en tuent, moult en occient,
De rechief *Lusignen* escrient:
« Aussois larons, icy mourez,
1920 Car eschapper vous n'en pourez. »
Les Poitevins font là moult d'armes,
De maintz corps font partir les armes [4].

[1] *Detriance*, retard.
[2] *Aussois*, Alsaciens.
[3] *Mailler*, frapper comme avec des maillets.
[4] *Arme*, âme.

C'est l'istoire de la bataille de Luchembourc.

Et les deux freres, chascun par soy,
En font tant que dire ne sçay.
D'un lez et d'autres gens perdirent;
Mais Poitevins Aussois conquirent
Et les mistrent en grant effroy.
Anthoine prist aux mains le roy,
Tuer le voult; mais il se rendy
1930 Et tost l'espée lui tendy.
Quant Anthoine vit qu'il se rent,
Il le reçoit et l'espée prent.
Les Aussois adonques s'en fuient;
Mais de près les Poitevins les suivent,
Et Regnault forment se combat :
Moult en tue, moult en abat,
Tant que tous furent mors ou pris.
Regnault fu sage et bien apris,

Et si fu son frere Anthoine;
1940 Douleur feust s'il eust esté moine.
Les freres en la ville envoient,
A la belle qu'il secouroient,
Le roy à la belle au corps gent.
Six chevaliers font le present,
D'illec partent et plus n'attendent,
Le roy à la belle presentent
Pour en faire à sa plaisance [1].
Adont la pucelle franche,
Qui estoit moult gente et belle,
1950 Dist à ceulx qui ont garde d'elle :
« Dont viennent ces nobles seigneurs
Qui m'ont fait si très grans honneurs ? »
— « Dame, dist ung vieil chevaliers,
Vous les congnoistrez voulentiers :
Ce sont les filz de Luzignen,
Par leur cry ainsi les nomme-l'en [2].
L'un est Anthoine appellez,
Et Regnault est l'autre nommez. »
La belle dist : « La Dieu mercy!
1960 De leur secours Dieu regracy [3],

---

[1] *Plaisance*, plaisir.
[2] *Les nomme-l'en*, les nomme-t-on.
[3] *Regracy*, remercie.

Car ilz m'ont fait moult grant vaillance.
Quanque j'ay est en leur plaisance.
Par leur bon conseil ouvreray
Et à eulx me conseilleray
De tout ce que auray à faire,
Puis qu'ilz sont gens de tel affaire. »
Adonc elle leur demanda
Son conseil, et puis commanda
Qu'on face les freres venir
1970 (Elle ne s'en pot plus tenir)
Et que tout l'ost viengne logier
En la ville et herbergier,
Au moins tous les plus haulx barons.
Ses gens dient: « Nous le ferons. »
Vers les freres tantost s'en vont;
Dedens les trefs trouvez les ont,
Ou lieu où le roy se logoit
Pour lors que le siege tenoit.
Là trouverent-ilz moult de biens;
1980 Mais n'en vouldrent oncq prendre riens,
Car tout aux gens d'armes donnoient
Quanque là gaingnié avoient,
Puis aux grans, puis aux menus;
Et sont de Luxembourc venus
Les messages appertement.
Leur message font sagement

94 LE LIVRE DE LUSIGNAN.

    Aux deux freres de grant proesce,
    De par leur dame et leur maitresse.
    Les freres humblement les receurent,
1990 Ainsi que bien faire le sceurent;
    Et quant les messages entendent,
    Tost respondent, plus n'y attendent,
    Que cinq cens de leurs chevaliers
    Yront là logier voulentiers.
    Leurs mareschaux en l'ost laissierent,
    Leurs fouriers devant envoierent
    Pour leurs hostelz faire ordonner.
    Lors qui veist instrumens sonner
    A l'entrée de Luchembourc;
2000 Lieu n'y avoit ne carrefour
    Dont ne véissiés venir gens
    Au son de ces doulz instrumens.
    Les nobles à l'encontre vindrent;
    Deux des grans les freres prindrent,
    Ou chastel les mainent ensemble.
    Adonc le peuple illec s'assemble
    Où fu la belle crestienne
    Qui à nom avoit Christine.
    Mal ne fu pas acompaignie;
2010 De dames ot grant compaignie
    Et de moult nobles damoiselles,
    Tant mariées que pucelles.

Noblement les freres receurent
Et sagement, ainsi qu'ilz deurent.
La viande ¹ fu toute preste,
Laver ² alerent sans arreste ³,
Puis s'en alerent asseoir;
Il les faisoit moult beau veoir.
Le roy d'Aussay sist au plus hault;
2020 Puis Anthoine, frere à Regnault,
Après trois grans barons du lieu.
Assis fu Regnault ou mylieu.
Là ot moult excellente feste;
On ne vit onques plus honeste,
Tant de viandes que de vins.
Aises furent les Poitevins.
Quant mengié ont, falut laver;
Après font les tables lever.
Graces dictes, parla ly roys
2030 D'Aussoy aux deux freres courtois,
Disant : « Vostre prisonnier suy,
Car pris m'avez au jour d'uy.
Si vous pry, faites ordenance
Que je soie mis à finance ⁴. »

---

¹ *Viande*, nourriture, repas.
² *Laver*, se laver les mains.
³ *Arreste*, retard.
⁴ *Finance*, rançon.

Anthoine dist: « Beau sire chier,
Point n'estes nostre prisonnier.
Se nous avons fait courtoisie,
Ou vous féistes vilenie
A ceste noble damoiselle,
2040 Nous mettons vostre fait sur elle.
Vostre corps lui avons donné:
Or en soit par elle ordonné
Ainsi comme il lui plaira,
Car autrement il ne sera.
En elle est de vo delivrance [1]
Ou de vo mort sans doubtance. »
Adont le roy, quant l'escouta,
Qui la dame moult redoubta,
Ot à son cuer moult grant ennoy
2050 Pour ce que fait lui ot desroy [2];
Mais la dame tantost parla:
Onques homs ne la conseilla,
Car sage estoit et enseignie.
Lors dist: « Seigneurs, je vous mercie
Du service que m'avez fait;
Mais, par ma foy! quant est du fait,
Du roy d'Aussay n'ordonneray:

---

[1] *En elle est de vo delivrance*, votre délivrance dépend d'elle.
[2] *Desroy*, tort, dommage.

Il est vostre, je vous le lay [1].
Se plus riche mille fois estoie,
2060 Guerredonner [2] ne vous pourroie,
Et éusse d'argent ung muy,
Ce que m'avez fait au jour d'uy
Par vo noble chevalerie.
En vous gist sa mort ou sa vie.
Nulle autre chose n'en feray;
Mais moult tenue à vous seray. »
Anthoine et Regnault ce oïrent,
Appertement lui respondirent :
« Puis qu'ainsi faire le voulez,
2070 Il est de nous quitte clamez [3],
Par ce qu'il vous amendera
Le fait, et s'agenouillera
Devant vous en criant mercy
Du meffait qu'il vous a fait cy,
Et sur sa foy vous jurera
Que jamais mal ne vous fera,
Ennoy, destourbier [4] ne dommage,
Et vous en baillera hostage. »
La belle dist sans contredit :

[1] *Lay*, laisse.
[2] *Guerredonner*, récompenser.
[3] *Clamer*, déclarer, proclamer.
[4] *Destourbier*, trouble, embarras.

2080 « Or soit ainsi comme avez dit,
Je le vous accorde à tous deux;
Quant vous le voulez, je le veulx. »
Le roy adonques fu moult lyez [1],
Car bien cuidoit estre exilliés;
A la belle mercy cria,
Si comme Anthoine dit lui a;
Et la belle l'a receu,
Ainsi qu'aux freres l'a pléu.
Quant le roy ot fait le serement,
2090 Adonques parla haultement
Et dist: « Barons, moult lyez seroie
Se ung tel voisin avoir povoie
Comme seroit l'un de vous deux,
Qni tant estes chevalereux;
Et si est chose bonne à faire.
Veez cy la plaisant [2] debonnaire
Christine, duchesse gente,
Qui tient grant pays et grant rente.
Anthoine, oyés, je vous en prie.
2100 Fait lui avez grant courtoisie :
C'est raison que vous satifface,
Et cela dy-je afin qu'à ce

[1] *Liez*, joyeux, *lœtus*.
[2] *Plaisant*, agréable, qui plaît ; angl. *pleasant*.

Venons de ce qu'ay empensé.
Barons, grant bien y ay pensé.
Christine soit mariée
Et à Anthoine soit donnée :
On ne la puet mieulx employer,
Car c'est ung vaillant chevalier. »
Lors les barons luchembourcoys
2110 Dient : « Moult a bien dit li roys. »
  Adont se sont tous accordé
Au fait qu'a le roy recordé [1],
Les nopces fist-on erramment ;
Huit jours durerent egalment.
Là ot-il joustes et tournois,
Et jousta noblement li roys.
Au bout de huit jours failly [2] la feste :
Adont ung chascun s'apreste
De s'en aler et congié prendre.
2120 Estes-vous venuz, sans attendre,
Ung message [3] illec endroit,
Qui au roy de Behaigne [4] estoit ;
Au roy d'Aussoy lettres apporte.
Tantost on lui euvre la porte.

---

[1] *Recorder*, exposer.
[2] *Faillir*, finir.
[3] *Message*, messager.
[4] *Behaigne*, Bohême.

Lors le roy les lettres brisa;
Si tost comme leu il les a,
Si commença à souspirer
Et moult tendrement à plourer.
Les deux freres pourquoy il plouroit
2130 Lui demanderent et qu'il avoit.
Lors leur dist : « Je ne le vueil taire.
Trop mal me va de mon affaire :
Les Zarrasins ont assegié
En Prague (dont j'ay grand pitié)
Mon frere le roi de Behaingne,
Dont Dieux mercy¹ avoir daigne !
Plaise vous à le secourir,
Pour la foy catholique soustenir. »
Quant Anthoine le mot entent,
2140 Au roy a dit haultement :
« Sire, ne vous desconfortez :
Vo frere sera confortez;
Car Regnault, mon frere, yra.
Maints bons chevaliers y menra²;
Qui vostre frere secouront,
Dont là maintz Zarrasins mouront. »
Lors dist le roy : « Très grant mercis;

¹ *Mercy*, miséricorde.
² *Menra*, mènera.

Et je vous afferme et plevis [1],
La fille mon frere à mouillier [2]
2150 Aura Regnault, car emploier
Ne la pourroit mon frere mieulx;
Et il l'aura, se m'aïst [3] Dieux.
Après mon frere roy sera
Et Behaigne gouvernera,
Car mon frere n'a point d'autre hoir;
Fors que celle n'a peu avoir. »
Quant Anthoine entend la nouvelle,
Qui lui fu gracieuse et belle,
Au roy a dit haultement :
2160 « Delivrez-vous [4] appertement,
Alez-vous-en, noble roy, tost
Et faistes assembler vostre ost;
Toutes voz gens cy m'amenez,
Dedens quinzaine retournez :
Vous trouverez mes gens tous prestz,
Non pas loing, mais de cy bien prez.
Regnault mon frere y menray,
Et moy propre en personne iray. »
Le roy le mercie forment,

[1] *Plevir*, promettre, garantir.
[2] *Mouillier*, femme, *mulier*.
[3] *M'aïst*, m'aide.
[4] *Delivrez-vous*, dépêchez-vous.

2170 De là se part ysnellement ¹.
Lors s'en ala, si com me semble;
Grans gens en son pays assemble;
Et quant assemblez les ot,
Adont le plus tost qu'il pot
Devers Luchembourc s'en retourne.
En son pays plus ne sejourne,
A Luchembourc est retournez;
Moult a grans gens bien atournez ²,
Et moult avoit noble bernage ³.
2180 Adonc va venir ung message
A Anthoine de par le roy
D'Aussay, qui vient en noble arroy ⁴;
Au duc Anthoine dit tout hault :
« Sire, je pry Dieu qu'il vous sault ⁵,
Le roy d'Aussay et sa compaigne
Si vient pour aler en Behaigne,
Là-jus ⁶ est en la praerie
Avec moult noble compaignie. »
Le duc dist : « Bien soit-il venus ! »

¹ *Ysnellement*, promptement.
² *Atourner*, équiper.
³ *Bernage*, assemblée de barons, noblesse.
⁴ *Arroy*, équipage ; angl. *array*.
⁵ *Sault*, sauve.
⁶ *Là-jus*, là-bas.

2190 Regnault manda, n'attendy plus;
Regnault vient plus tost que le pas,
A venir granment ¹ ne mist pas.
Anthoine lui dist : « Frere, alez
En ces prez, là vous devalez ² ;
Car le roy d'Aussay est venus,
Faites logier grans et menus ;
Les trefs sont tendus davantage,
De ce faire estes assez sage,
Et les faites aises tenir ;
2200 Puis faites le roy venir. »
Regnault fist tout ce qu'il commande ;
Mais s'il le fist bien, c'est demande.
Les Ausseys furent bien logié.
Le roy part d'eulz et prent congié,
A Luchembourc vers le duc va,
En la ville entre et le trouva.
Moult grant feste s'entre-font,
Et puis à table mis se sont.
Du disner vous lairay ester ³.
2210 Anthoine fist tost aprester
Ses gens qui d'ilecque sont prestz.

¹ *Granment*, grandement, longtemps.
² *Là vous devalez*, descendez là-bas.
³ *Du disner vous lairay ester*, je vous laisserai en repos relativement au dîner.

Et en pou d'eure furent prestz.
Moult y avoit noble compaigne,
Pour aidier au roy de Behaigne;
Trente mille furent esmez.
Au duc sont venus tous armez.
Lors les deux ostz si s'assemblerent
Et grant honneur s'entre-porterent.
Là véissiés noble conroy [1],
2220 Tant des gens du duc que du roy.
Quant assemblez furent ensemble,
De toutes pars la terre tremble.
 Mais ains qu'ilz partissent de là,
Christine Anthoine appella
Et dist : « Je vous prie, monseigneur,
Que vous me fachiés tel honneur
Que les armes vueilliés porter
De Luchembourc, sans adjouster
Autre blason, je vous en prie. »
2230 Anthoine respont : « Belle amie,
Ce pas ne vous accorderay;
Mais autre chose vous feray :
En quelque lieu que nous soions,
L'ombre porteray d'un lyon
Sur mes armes plaines, pour voir :

[1] *Conroy*, troupe.

Teles armes vueil-je avoir;
Et pour ce que, quant je nasqui,
Grif de lyon apportay, qui
Sur la joe me parissoit,
2240 Dont le peuple s'esbahissoit,
Ainsi vostre plaisir feray
Et vostre vueil [1] acompliray
Pour l'amour de vous, chiere amie. »
Elle dist : « Je vous en mercie ;
Car se l'asur en ert ostez,
Mes plaines armes vous portez.
Les vostres portez et les mennes,
Qui sont armes moult anciennes. »
Ces armes prist et les porta,
2250 Et les deux ainsi assorta [2].
De sa femme lors prent congié.
Adonques se sont deslogié,
Vers Behaingne s'en vont bruiant,
Chascun va devant-eulx fuiant;
Passent Baviere et Alemaigne,
Tant qu'ilz s'approchent de Behaigne.

[1] *Vueil*, vouloir, volonté.
[2] *Assorter*, joindre, réunir.

C'est l'istoire des armes Anthoine de Luzignen, quant il fu devenu duc de Luchembourc.

Or dirai des paiens felons
Qui guerrioient les Behaignons.
Le roi de Traquo¹ fu moult fors
2250 Et guerroioit Behaigne lors.
O lui avoit moult d'Esclavons,
Ainsi comme trouvé l'avons;
Car seigneur estoit de celle terre.
Aux Behaignons faisoit grant guerre;
Sy ala ung jour escarmuchier
Devant Prague sans soy muchier²,
Car là voult desploier s'enseigne.
Lors le voit le roy de Behaigne.

¹ Il faut sans doute lire *Craquo*, Cracovie.
² *Muchier*, cacher.

Fedric, qui lors tint le royaume :
2270 Adont s'arme et prent son heaume,
De ses armes se veult couvrir;
Adont la porte fait ouvrir,
De la ville yst, lui et ses gens,
Dont moult avoit de nobles et gens.
Dessus les Zarrasins s'embatent,
Moult en tuent, moult en abatent;
Mais il y ot tant d'Esclavons
Qu'en escript mettre ne l' savons,
Dont Behaignons forment se doubtent [1].
2280 Esclavons Behaignons reboutent [2]
Et les chassent jusques ou bourc;
Mais le bon duc de Luchembourc
Tantost ostera le debat.
Le roy behaignon se combat
A ces Sarrazins de tous lez [3],
Qui ses gens ont moult reculez;
Mais le roy ne recula mie,
Ains tant qu'il puet defent sa vie.
Ces Esclavons abat et tue,
2290 L'un detrenche, l'autre mort rue [4],

[1] *Se doubter*, s'effrayer.
[2] *Rebouter*, repousser.
[3] *Lez*, côtés.
[4] *Ruer*, terrasser, jeter.

Et se défent com le senglier
A l'abbay ¹ de bon chevalier;
Mais d'un giet ² d'archegaie ³ lors
Fu-il feru parmy le corps,
Voire, si très crueusement
Qu'il chéy ⁴ mort soudainement.
L'ame du corps s'en est alée,
A Dieu soit-elle commandée !
Car c'estoit ung très bon preudomme,
2500 Meilleur n'avoit de cy à Rome.
Adonc se leva hault ly cris,
Ainsi que dient ly escrips.
Les Behaignons qui là estoient,
De dueil et de pitié plouroient.
Ceulx qui peurent si s'en fuirent;
Mais Sarrazins si les suivirent
De si près qu'ilz les ont attains :
Lors prennent les brands ⁵ en leurs mains,
Moult en tuent, moult en occient,
2510 Dont Behaignons braient et crient;
Et ceulx qui peurent eschapper,

¹ *A l'abbay*, aux abois.
² *Giet*, jet, trait.
³ *Archegaie*, arbalète.
⁴ *Chéy*, chut, tomba.
⁵ *Brand*, épée, glaive.

LE LIVRE DE LUSIGNAN. 109

En la ville se vont frapper;
Comptent la nouvelle du roy,
Dont au cuer out moult grant ennoy
La fille du roy, Esglantine,
Qui toute beauté enlumine.
   Esglantine, la fille france,
Ot des paiens moult grant doubtance [1].
En la ville fort se doubterent
2320 Et Zarrasins moult redoubterent.
Sarrazins orent grant joie lors,
Quant voient que le roy est mors :
Lors alumer ung grant feu font,
Et de bussche y mettent grant mont;
Près de la porte le feu firent,
Devant ses gens le roy ardirent.
Marris en sont ceulx de dedens,
Crient et estraignent leurs dens;
Mais remede n'y pevent mettre,
2330 Car autrement il ne puet estre;
Mais Anthoine vient et Regnault,
Qui aux paiens feront assault,
Et d'Aussay li nobles roys.
A Prague s'en viennent ces trois.
Leurs bachinez resplendissoient

---

[1] *Doubtance*, frayeur.

Contre le soleil et luisoient :
Noble chose estoit à véir.
A Prague s'en viennent d'aïr [1],
Qui forment sont embesigniés
2340 Et par paiens moult ensommiés [2] ;
Car forment les vont empressant.
Behaignons sont lors descroissant,
Dont à Prague moult s'esbahirent
Et foiblement se defendirent.
Esglantine se desconforte,
Elle voulsist bien estre morte :
« Las ! dist-elle, mors est mon pere :
Or n'ay-je plus ne pere ne mere,
Demourée sui orpheline.
2350 Et que feras-tu, Esglantine ?
Or voy-je la destruction
De trestoute ma region.
Las, chetive ! que feras
Ne comment te gouverneras ?
Tu vois ton pays exillier [3],
Destruire, rober et pillier
Par Zarrasins que Dieu maudie !

---

[1] *D'aïr*, en toute hâte.
[2] *Ensommiés*, harcelés.
[3] *Exillier*, ravager.

Ne sçay que face ne que die,
Or n'y puis-je remedier.
2360 Me fauldra-il Dieu renier
Et croire en la loi zarrasine? »
Ainsi se complaint Esglantine,
Car Zarrasins fors assailloient
La ville, et forment se penoient
De l'avoir et prendre d'assault;
Mais tel cuide adrecier ¹ qu'il fault.
Car en pou d'eure Dieu labeure ².
Ainsi que paiens courent seure
Aux Behaignons, ung messagier
2370 Entre en Prague sans atargier;
Dedens entre moult quoiement ³;
Adonc s'escrie haultement :
« Or avant! il y appara ⁴
Qui la ville bien defendra.
Defendez-vous, veez cy secours
Qui vient à vous plus que le cours;
Veez cy le roy d'Aussay venant,
Anthoine et Regnault amenant
A bel ost pour vous secourir.

¹ *Adrecier*, arriver droit au but, réussir.
² *Labeure*, travaille.
³ *Quoiement*, tranquillement.
⁴ *Appara*, paraîtra.

2380 Vous n'avez garde de mourir;
Car Anthoine, le duc nobille,
Et Regnault, son frere habille,
Amainent moult de Poitevins,
Qui sont nourris de moult bons vins.
Paiens tantost desconfiront,
Encontre point ne dureront.
Le roy d'Aussay les acompaigne,
Pour secourir ceulx de Behaigne. »
Quant les barons l'ont entendu,
2390 A Dieu en ont graces rendu;
Chascun se defent asprement,
Adonc chascun bon cuer reprent.
Zarrasins moult bien apparceurent
Que nouvelles ou confort eurent,
Quant si les voient contenir.
Veez-vous ung messagier venir,
Qui à haulte voix crie et huche[1]:
« Seigneurs, or laissiés l'escarmuche,
Aux loges tost vous retournez
2400 Appertement et vous mouvez;
Car veez çà venir cresiiens
Pour conforter ceulz de leans:
Ce sont gens d'armes moult divers,

[1] *Hucher*, crier, proclamer.

Les champs en sont trestous couvers,
Sur nous viennent par grant haïr¹. »
Lors paiens s'en fuient d'aïr,
L'estour² laissierent maintenant,
Aux loges s'en vont retournant;
Non pourquant³ font trompes sonner
2410 Et leurs batailles⁴ ordonner,
Et Anthoine, d'autre partie,
Venoit en bataille rengie.
Quant les deux ostz s'entre-approchierent,
Zarrasins forment se doubterent,
Et crestiens leur courent sus.
Là fu partiz maintz bons escus.
Crestiens les vont pourfendant,
Zarrasins se vont defendant.
La véissiés estour moult fier;
2420 Heaumes faulser et perchier⁵.
Regnault les abat deux et deux,
Car il fiert coups moult merveilleux;
Et Anthoine les vous reboute:
Chascun le craint, chascun le doubte.

---

¹ *Haïr*, impétuosité.
² *Estour*, bataille.
³ *Non pourquant*, néanmoins.
⁴ *Bataille*, bataillon.
⁵ *Perchier*, percer.

8

Ung paien va tantost ferir;
Heaume ne le pot garantir,
Car l'espée entra dedens
Qu'il le fendy jusques aux dens.
A terre chiet gueule baée¹;
2430 Crestiens en font grant huée,
Chascun s'en va du coup riant.
Lors vont Luzignen! escriant:
« Avant ferez, seigneurs barons,
Sur ces paiens; nous les arons. »
Le roy de Traco fu couroucrés,
Quant ses gens voit ainsi blecies;
De les secourir lors s'efforce,
L'escu embrache à moult grant force,
L'espée brandist par grant vertu;
2440 Ung crestien a abatu,
Mort à terre l'abat et rue,
Puis Traquo! moult hault crie et hue:
« Crestiens, vous tous y mourrez,
Car eschapper vous ne pourrez;
Mais par moy mourir vous fault. »
Lors ennuia moult à Regnault;
Des esperons fiert le destrier,
Ou poing estraint le brant d'acier,

¹ Baé, béant.

De Traquo va ferir le roy
2450 Par tel force et par tel desroy [1]
Que jusqu'aux dens le pourfendy :
Roidement le coup descendy,
Regnault l'abat, le roy chiet mort,
Dont ses gens eurent grant desconfort.
Lors Zarrasins plus ne sejournent,
De leurs chevaux les resnes tournent,
Quant ilz voient leur roy occis.

[1] *Desroy*, rage.

C'est l'istoire de la bataille devant Behaingne.

    Ilz se tiennent pour desconfis,
    Appertement tournent en fuite;
2460 Mais Poitevins leur font poursuite,
    Sur Zarrasins fierent et maillent [1];
    Ilz les fierent, ilz les detaillent,
    Comme on fait la chair sur l'estal.
    Anthoine, le noble vassal,
    A là des paiens occis maint,
    Il pourfent tout ce qu'il attaint;
    Et le roy d'Aussay ensement [2]
    Se porta là moult noblement.
    Tous les paiens là occis furent,
2470 Là demourerent et moururent.
    Quant le roy d'Aussay apparçoit

---

[1] *Mailler*, frapper comme avec un maillet.
[2] *Ensement*, pareillement.

Le roy de Traquo mort tout froit
Et si grant foison de paiens.
Lors a commandé à ses gens
Qu'ilz soient tous mis en ung mont.
Ainsi qu'il l'a dit ilz le font.
Les paiens sont amoncelez;
Le feu fu bouté de tous lez;
Là sont paiens bruis [1] et ars :
2480 Ainsi se voult vengier des gars;
Car le roy de Traquo, pour voir,
Si avoit fait son frere ardoir.
Anthoine et Regnault se logierent
Es trefz que là levez trouverent.
Là furent Poitevins logiés,
Dont Zarrasins ont deslogiés.
Le roy d'Aussay laissa l'ost
Et en la ville s'en va tost,
Lui centiesme de chevaliers
490 Des plus vaillans et plus legiers.
Esglentine encontre lui vint,
Quanqu'elle fait bien lui avint.
Le roy salue moult doulcement,
Car son oncle estoit proprement;
Et le roy tantost l'embrace,

[1] *Bruis*, grillés.

Puis la baisa enmy la face :
« Niepce, dist le roy, je t'affie
Que la mort ton pere est vengie :
Si ne t'en vueil courroucier ;
2500 Tu as véu sa mort vengier.
Se le roy de Traquo est la mort,
De ce n'ayes point de remors.
Ardoir l'ay fait, lui et ses gens ;
Conforte-toy, ce sera sens.
S'ilz ont ce pays dommagié,
Ilz sont de leurs gaiges paié ;
Plus ne vous en convient doubter.
Ilz cuidoient suppediter
Le pays, or ont-ilz failly.
2510 Si n'ayés point le vis paly :
Vous n'y avez point de vergoingne ;
Vous avez gainghié la besoingne,
Ce vous est ung très grant honneur. »
— « Haa ! ce dist-elle, monseigneur
Mon oncle et mon très doulz amy,
Adez pleure le cuer de my,
Quant il me souvient de mon pere. »
Le roy dist : « N'estoit-ce mon frere ?

---

¹ *Affier*, assurer, garantir.
² *Suppediter*, mettre sous les pieds, maîtriser, dompter.

Il convient que le dueil s'en passe,
2520 Prions Dieu que mercy lui face,
Son obseque demain ferons,
Et pour lui Dieu prierons.
Ainsi fu dit, ainsi le font ;
Mille livres de cire en font,
Lendemain pour l'obseque faire,
Il y ot moult beau luminaire.
Anthoine et Regnault y furent,
Moult bien y firent ce qu'ilz deurent.
Moult regarderent Behaingnons
2530 Ces deux habiles compaignons,
Ces deux freres, ces deux vassaulx ;
Ilz ne povoient estre saouls
De les veoir, car ilz estoient
Grans et drois et bien sachemoient ¹ ;
Mais pluseurs moult esbahis furent
Du grif du lyon qu'ilz congnurent,
Assis en la joue, au plus hault,
De Anthoine, le frere Regnault ;
Car le grif y apparissoit,
40 Dont chascun moult s'esbahissoit.
Du grant ² de lui ont grant merveille,

¹ *Sachemoient ?*
² *Grant*, grandeur.

Onques ne virent la pareille.
Puis dient ceulx de la ville
Que Regnault est ung homme habille
Et qu'est taillié de desconfire
Ung grant royaume ou ung empire.
De ce qu'un œil n'ot se plaingnioient,
Mais tout le remanant ¹ prisoient.
Qui vouldroit de long raconter,
2550 L'obseque fu fait, sans doubter,
Moult bien et honnorablement.
Lors tint le roy son parlement
Aux nobles hommes de Behaigne,
Dont moult y ot noble compaigne,
Disant : « Barons, or entendez.
Il convient que vous regardez
Qui cest pays gouvernera
Et qui le vostre roy sera,
Car à present estes sans roys. »
2560 Lors respondirent : « C'est bien drois;
Mais le fait vous en appartient,
Toute la besoingne en vous tient;
Car s'Esglentine estoit finée ²,
A vous escherroit la contrée :

---

¹ *Remanant*, reste.
² *Finer*, mourir.

Si devez sur ce pourvéoir.
Or vous en avanchiés d'oir,
Que le pays soit pourvéu
D'un homme par vous esléu
Qui Esglantine espousera
2570 Et le pays gouvernera. »
Adonques le roy respondy :
« Quant de ma part, je vous en dy
Qu'il fault ma niepce marier ;
Pour ce vous vueil-je supplier
Que vous m'en dictes vostre avis. »
— « Sire, tout à vostre devis¹,
Ce respondirent les barons ;
Ainsi que vouldrez nous ferons,
Ne ne recevrons chevalier
2580 Fors cil que vous vouldrez baillier ;
Nous en mettons sur vous l'affaire. »
— « Or, de par Dieu! laissiés-moy faire,
Ce respondy le noble roys ;
Ung en arez doulz et courtois,
Homme de bien et homme d'onneur,
Que vous recevrez à seigneur.
Hardy est et preux chevalier,
Autre ne vous vueil baillier.

¹ *Devis*, volonté.

Deux roys a à freres, pour voir,
2590 Et un hault duc de grant povoir.
Ilz vous ont éu bon besoing
Et si sont venus de moult loing,
Vostre cité ont delivrée
Des paiens et vostre contrée. »
   Regnault appelle maintenant :
« Je vous vueil tenir convenant¹,»
Ce dist donques le roy tout hault ;
Venez avant, venez, Regnault,
Approchiés-vous, mon doulz amis.
2600 Je vous avoie bien promis
Que de ce pays vous feroie,
Roy, mentir ne vous en vouldroie :
A ce me vueil-je consentir,
Car roy si ne doit point mentir.
Je vous donne ma niepce Esglantine
Et le royaume à bonne estrine ². »
Or la vueilliés à femme prendre
Et la noble terre defendre,
Car d'elle seigneur je vous fais
2610 Et vous en laisse tous le fais. »
Et quant Anthoine l'entendy,

---

¹ *Convenant*, parole, convention, promesse.
² *Estrine*, étrenne.

LE LIVRE DE LUSIGNAN.

Tantost respond, plus n'attendy :
« Sire roy, et je vous mercie
De vostre grant courtoisie.
Esglantine Regnault prendra
Et bien le pays defendra;
Moult bien gouvernera la terre,
Car il scet assez de guerre.
Et quant les barons l'entendirent,
2620 A Dieu tous graces en rendirent,
Et à la dame aussi moult fort;
Car moult le voient grant et fort
Pour bien la terre gouverner.
Le roy fait donques ordonner
Sa niepce, la belle Esglantine,
Ainsi qu'appartient à royne;
Et Regnault fu mis en arroy
Ainsi qu'il appartient à roy.
Adont fu fait le mariage
2630 Devant tout le noble bernage.
La feste fu faite sagement,
Quinse jours dura largement;
Moult nobles dons y donna-on,
Onéques plus beaux ne donna hom :
Robes, coursiers et beauz joyaux,
Ainsi que donnent les royaux.
Joustes y ot moult excellentes

Devant les nobles dames gentes,
Dont il y avoit plus de mille,
2640 Du pays, sans ceulx de la ville.
Mais Regnault emporta l'onneur.
Behaignons prisent leur seigneur
Et dient tous à une voix :
« Or vive nostre nouveau roys !
Car nous avons bien assené[1]
Beneiz soit qui l'a amené ! »
Au bout de quinze jours faillirent
Les nopces ; adont congié prirent
Les dames et les damoiselles,
2650 Dont il y avoit de moult belles.
Le duc Anthoine congié prent,
Son chemin adonque reprent
Vers Luchembourc, lui et ses gens,
Qui estoient moult nobles et gens ;
Et en Behaigne demoura
Le roy Regnault, qu'on honnoura
Par le pays moult grandement
Pour son noble gouvernement.
Chascun son fait grandement prise.
2660 Regnault fist moult grant guerre en Frise,
Northeblege de là conquist,

[1] *Assener*, rencontrer, réussir.

Denemarche par sa force acquist;
En son temps puissemment regna
Et moult bonne vie mena,
Et disoit-on que plus preudomme
N'avoit de là jusques à Romme.
A tant de lui je me tairay,
Du duc Anthoine parleray.

  Anthoine et d'Aussay li roys,
2670 Qui furent sages et courtois,
De Behaigne ensemble s'en vindrent
A Luchembourc, puis congié prindrent
L'un de l'autre; chascun s'en va.
Le roy d'Aussay s'achemina,
A Luchembourc plus ne séjourne,
Tout droit en son pays retourne;
Et Anthoine à s'espousée
Remest¹, que brief² ot espousée,
Qui moult l'amoit de cuer parfait
2680 Et de voulenté et de fait;
Et il faisoit bien à amer,
Autant que homme de çà la mer.
Sa femme ot de lui deux enfans :
Li ung si ot à nom Bertrans,

¹ *Remest*, resta.
² *Brief*, depuis peu.

Qui fu forment bons chevaliers;
Li maisné ¹ ot nom Lohiers;
Cil délivra tous les destrois ²
D'Ardenne, où il a moult de bois;
Maint bon chastel y fortefia,
2690 Imoy premiers y edifia,
Sur Meuse le noble pont fist
De Maiziere, et puis si conquist
Maintz autres lieux par sa proesce;
C'estoit ung homme de grant noblesce.
Anthoine guerroia moult fort
Le conte de Fribourg le fort;
Quant l'ot conquis, passa Austriche,
Où il fist maint poure ³ homme riche;
Tout mist en sa subgection
2700 Et conquist mainte region.
Après, son ainsné filz Bertrans
Devint en peu d'eure grans;
Du roy d'Aussay prist à mouillier
La fille; moult bon chevalier
Fu, emprenant ⁴ et bien hardy,
Et moult plus que je ne vous dy;

¹ *Maisné*, puîné, cadet.
² *Destrois*, défilés.
³ *Poure*, pauvre; anglais *poor*.
⁴ *Emprenant*, entreprenant.

Roy fu d'Aussay après la mort
Du roy : on ne lui fist pas tort,
Car sa fille avoit espousée,
2710 Qui dame estoit de la contrée.
Bertrain moult grandement regna
Et son pays bien gouverna.
Ces deux freres si fort regnerent
Que par force suppediterent
Tous ceulz qui leur furent nuisans.
D'eulz me tairay, il en est temps.

Cy sensuit la quarte partie.

    A Mellusigne je revenray
    Et ma matiere reprendray,
    Comment Raymon se gouverna.
2720 Moult excellentement regna,
    Maint pays et mainte bonne contrée
    Conquist par force de l'espée,
    Tout le pays jusqu'en Bretaigne
    Conquist et là porta s'enseigne;
    Tous les barons lui font hommage,
    Par son noble et hault vasselage [1].
    Gieufroy au Grant-Dent devint grant,
    Fort et fier, justes et puissant;
    En tous estas bien se porta,
2730 En Guerrande fort guerroia,
    Le geant Guedon y conquist

---

[1] *Vasselage*, bravoure.

Et par force le desconfist.
Ce geant le pays gastoit,
Chascun forment le redoubtoit;
Jusqu'en la Rochelle prenoient
Sauvegarde, tant le craingnoient.
Il prenoit ses patis par tout,
Autant ou mylieu comme au bout.
Quant Geuffroy la nouvelle entent
2740 Que l'en appelle à la Grant-Dent,
Jura qu'encontre lui yroit
Et que bien le desconfiroit,
Au plaisir du doulz Roy de gloire
Qui donne à ceulz qu'il veult victoire.
Dolent en fu son pere Raymont,
Car le geant redoubtoit moult;
Pour ce qu'il estoit si très grant,
S'aloit moult de Geuffroy doubtant.
Geuffroy à la Grant-Dent s'arma,
2750 Lui dixieme s'en part de là
Et s'en va sans plus arrester.
Cy vous lairay de lui ester,
Et revenray à Mellusigne,
La doulce, courtoise et benigne,
Qui deux enfans porta depuis,
Ainsi qu'en escript je le truis.
Li ung fu appellé Froymons,

L'autre Thierry; mais moult preudoms
Fu Fromont, moult sceut de clergie,
2760 Souvent hantoit en l'abbaïe
De Maillezès et moult l'ama,
Moult souvent Dieu là reclama.
Tant ama la religion [1]
Qu'il lui vint en devotion
D'en l'abbaye moyne se rendre.
De là se party sans attendre,
A son pere s'en vint errant [2],
Requeste lui fait maintenant
Qu'à Maillezez le vestesist
2770 Et que là moine le fesist.
Quant l'oy, Raymon fu esperdu;
Adonques se merveilla du
Parler Froimondin son fieulx :
« Comment, dist-il, beau sire Dieux!
Voulez-vous dont devenir moine?
Regardez vostre frere Anthoine
Et tous voz autres freres chevaliers,
Qui sont si nobles chevaliers.
Moine serez! il ne puet estre;
2780 Jà, se Dieu plaist, ne serez prestre.

---

[1] *Religion*, vie religieuse, monastique.
[2] *Errant*, sans s'arrêter, tout de suite.

Ung autre ordre vous donray :
Chevalier faire vous vouldray,
Ainsi que voz freres le sont. »
Fromont à son pere respont :
« Jamais chevalier ne seray,
Ne les armes ne porteray ;
Car je vueil Dieu prier pour vous,
Pour ma mere et mes freres tous.
Moine soie, je vous requier,
2790 (Il n'est riens que tant aie chier)
De Maillezès en l'abbaye :
La place n'ay pas enhaye [1],
Car là vueil-je ma vie user.
Ne le me vueilliés refuser,
Mon très chier pere, en vous en tient. »
Raymon voit bien qu'il le convient,
Adonc un message s'avoie [2] ;
A Mellusigne tost l'envoie,
Qui pour lors faisoit le beau fort
2800 Des deux jumelles de Nyort.
Lors le message lui compta
Ce que Raymon lui racompta :
Comment Fromont moine veult estre

---

[1] *Enhaye*, haïe.
[2] *S'avoier*, se mettre en route.

De Maillezès et estre prestre,
Et que hastivement l'envoie
Raymon vers elle, toutesvoie ¹,
Afin que de Fromont ordonne
S'el veult qu'il porte grant couronne ²
Et qu'il soit fait moine cloistrier
2810 De Maillezès au beau monstier.
Mellusigne lui respondy :
« Va-t'en et de par moy lui dy
Que tout en face à sa plaisance :
Je me soubzmet en s'ordonnance.
Tout à son plaisir faire en puet,
Car tout me plaist bien quanqu'il veult. »
Le message s'en retourna,
Illecques plus ne sejourna;
A Raymon s'en va retournant,
2820 Au matin le trouve à Tournant,
Son message bien lui compta,
Dont moult grant joie lui compta.
Raimon huche son filz Fromont;
Bien vestus fu, n'ot pas froit dont.
« Fromont, dist-il, entens ton pere.
J'ay envoié devers ta mere,

---

¹ *Toutesvoie*, toutefois.
² *Couronne*, tonsure.

LE LIVRE DE LUSIGNAN. 133

S'il lui plairoit assavoir mon
Se tu seras moine ou non :
De quoy elle me laisse la charge
2830 De tout le fait et le m'en charge.
Et pour ce, Fromondin, vois-tu,
Se tu veulz, tu seras vestu.
De Maillezès sont testus
Les gens où veulz estre vestus :
Si regarde ung autre moustier,
Comme seroit Mere-Monstier [1] ;
Car il y a moult très bel lieu ;
Ou, se tu veulx, au Bourc-de-Dieu.
Quant desir a de estre moine,
2840 S'il te plaist à estre chanoine,
Si le soyes en bonne estraine ;
Car tu aras Tours en Touraine,
De Saint-Martin la grant eglise :
J'en feray tout à ma devise
Et en feray passer les chartres,
Et de Nostre-Dame de Chartres,
Voire, se tu veulz, de Paris.
Ne soyes de riens esmaris [2],
Car bien suis accointe [3] du pape;

---

[1] *Mere-Monstier*, Marmoutier, *Majus-Monasterium*.
[2] *Esmaris*, inquiet.
[3] *Accointe*, ami.

2850 Il ne sera riens qui m'eschape.
Et puis après seras evesque.
Ne demoura gueres après que
Ung autre eveschié auras,
Soit Paris, Beauvès ou Arras.
Dy, Fromont, seras chanoine? »
— « Nennil, car je vueil estre moine
De Maillezès, je vous dy bien;
Je ne vueil avoir autre bien
Jamais à nul jour de ma vie,
2860 Car j'ay celle place choisie. »
Ce dit à son pere Fromont.
« Or de par Dieu! ce dist Raymont,
Puisqu'il te plaist, tu y seras
Et pour nous là Dieu prieras. »
Adonques respondy Fromon:
« S'il plaist à Dieu, ce feray mon. »
Que vous tenroie [1] longuement?
Il fu vestu appertement,
Il fu vestu à grant noblesce;
2870 Moult y avoit de gentillesce
Pour Raymon, son bon pere,
Et de Mellusigne, sa mere.
Tous les moines grant joie orent

---

[1] *Tenroie*, tiendrais.

Et lui firent du mieulx qu'ils porent :
Dont mal leur avint depuis,
Car tous en furent destruis
Par Geuffroy à la Grant-Dent,
Qui en fu cuer tant dolent
Qu'il en ot si grant despit
2880 Qu'à Maillezès vint sans respit
Et ardy par grant desverie ¹
Moines, abbé et l'abbaye.
Là dedens cent moines ardy :
Ce fu à ung jour de mardy,
Car Mars est le dieu de bataille.
Ilz furent ars, vaille que vaille.
Illecques plus ne sejourna,
Dont il venoit s'en retourna,
Si comme vous orrez ² sans doubter,
2890 Mais que me vueilliés escouter ;
Mais de ce fait je vous lairay,
De Mellusigne parleray.

Mellusigne fu à Vauvent
Et mettoit ses robes au vent,
Où nouvellement fu venue ;
Jamais ne s'en féust tenue,

---

¹ *Desverie*, rage, fureur.
² *Orrez*, ouïrez, entendrez.

Car Raymondin là venus estoit,
Moult voulentiers s'y esbatoit.
Es-vous venir deux messagiers,
2900 Qui apporterent lettres et briefs
De par Anthoine le puissant
Et Regnault, le roy souffisant.
Les lettres baillent à Raymont,
Il les prent et la cire ront;
De mot à mot les lettres list,
Dont de joie le cuer lui rist.
Mellusigne tost appella,
Et celle point ne se cela :
« Or regardez ces lettres-cy. »
2910 — « Raymondin, la vostre mercy,
Ce dist Mellusigne à Raymont;
Car les besoingnes moult bien vont.
Je sçay bien toutes les nouvelles :
Elles nous sont bonnes et belles;
S'en gracie nostre Seigneur,
Qui noz filz a mis à honneur.
Trois de noz beaux filz roys avons
Et ung duc, moult bien le savons;
Et encores, la Dieu mercy !
2920 Avons-nous assez près de cy
Ung de noz filz moine d'abbaye,
Qui tousjours pour nous Dieu prie.

A Maillezès est sa demeure,
Où Dieu prie qu'il nous sequeure.
Plaise Dieu que tant puist prier
Que jà ne nous vueille oublier!
Bien sont noz cinq filz assenez ¹,
Et si sont sages et bien senez ².
Quatre en y a de demourant ³,
2930 Qui par cest hostel vont courant:
Dieu les vueille si assener
Que haultement puissent regner!
A cela ne fauldront-il mie :
Dieu le vueille et sainte Marie! »
 La nouvelle fu espandue
Des lettres et par tout scéue,
Dont à chascun moult abellit ⁴.
Bien quinze jours en tel delit,
Faisans grant joie demourerent
2940 Et que leurs amis festoierent.
Or avint à ung samedy,
Raymon Mellusigne perdy,
Ainsi qu'avoit autrefois fait;
Mais riens n'avoit enquis du fait

---

¹ *Assenez*, établis.
² *Senez*, sensés.
³ *Demourant*, reste.
⁴ *Abellir*, être agréable, plaire.

Où elle aloit ne que faisoit,
Car riens fors que bien n'y pensoit.
Or avint en celle journée
Que son frere, qui la contrée
Du pays de Forest tint lors,
2950 Pour leur pere qui estoit mors,
Arriva ce jour à Vauvent.
Le tems fu doulz sans point de vent,
La journée fu belle et clere.
Raymondin voit venir son frere,
Moult grandement il le reçut;
Mais après lui en meschut [1].
Les barons vindrent à la feste,
Qui fu moult noble et honneste,
Et de dames très grant foison
2960 Y vindrent pour celle achoison [2].
Lors dist le conte de Forez :
« Raymon, beau frere, or entendez.
Par amour vous prie et requier,
Faites venir vostre mouillier. »
Raymon respont : « Or entendez.
Chier frere, demain la verrez. »
Tantost se sont assis à table.

---

[1] *Meschut*, arriva malheur.
[2] *Achoison*, occasion.

La feste fu moult delitable ;
Et si tost comme disné ont,
2970 De la table levez se sont.
Lors li quens de Forestz à plain
A prins Raymondin par la main
Et ung petit à part le tire ;
Adont lui commença à dire :
« Raymon, beau frere, en bonne foy,
Vous estes enchantez, ce croy :
Chascun le dist publiquement,
Ne je ne sçay mie comment
Povez ceste honte porter ;
2980 Bien vous en deussiés deporter [1].
On dist partout, je le vous dy,
Que ne seriés sy hardy
D'enquerir riens de vostre femme
(Ce vous est ung très grant diffame)
Ne où elle va, ne où elle tourne,
N'en quele maniere se atourne.
Et que savez-vous qu'elle fait?
On dit partout, se Dieux m'ait,
Qu'elle est toute desordonnée
2990 Et qu'à ung autre s'est donnée
Ce jour et vous fait tricherie.

---

[1] *Deporter*, débarrasser.

Autres dient qu'en faerie
Va cellui jour, sachiés pour voir.
Frere, mettez paine à savoir
Que va querant : si ferez bien.
Celer ne vous devroie rien,
Je le vous dy comme à mon frere :
Or en faites tant qu'il y pere [1].
Je croy qu'elle vous fait hontage [2]. »
3000 Raymondin mue son courage ;
Tant est yrez, ne scet que dire ;
Il tressue [3] de deuil et d'ire.
Tantost s'en va querir s'espée,
Bien scet où sa femme est entrée :
Là se bouta, où n'ot esté
Ne en yver ne en esté.
Lors a ung huis apparcéu
De fer devant lui et véu,
A moult de choses moult pensa ;
3010 Puis après se pourpensa
Que sa femme fait mesprison [4]
Et vers lui tort et traïson.
Lors tire du fourreau l'espée,

[1] *Pere*, paraisse.
[2] *Hontage*, honte.
[3] *Tressuer*, suer.
[4] *Mesprison*, méfait, action coupable.

La pointe a contre l'uis posée,
Tant boute par cy et par là
Que l'uis de fer oultre perça.
Las! que mal laboura ¹ ce jour!
Il en perdy joie et honnour.
Au trou mist l'ueil, dedens regarde,
3020 De savoir que c'est moult lui tarde :
Certes, trop tost il le saura,
Dont au cuer grant douleur aura.
Là regarde, s'y apparçoit
Mellusigne qui se baignoit;
Jusqu'au nombril la voit si blanche
Comme la nesge est sur la branche,
Le corps bien fait, frique ² et joly,
Le visage frès et poly,
Et, à proprement parler d'elle,
3030 Onques ne fu point de plus belle;
Mais queue ot desoubz de serpent,
Grant et horrible vraiement.
D'argent et d'azur fu burlée ³;
Fort s'en debat, l'eaue a troublée.

¹ *Labourer*, travailler.
² *Frique*, svelte.
³ *Burlé*, bariolé. *Burelé*, en blason, se dit de l'écu rempli de longues listes de flanc à flanc, jusqu'au nombre de dix, douze ou plus, à nombre égal, et de deux émaux différens.

Quant Raymon l'a apparcéue,
Qui oncques ne l'avoit véue
En tel estat ainsi baingnier,
Adont se prist-il à seignier
Et se doubta moult grandement.
3040 Dieu reclama devotement;
Mais non pour tant¹ tel paour ot,
Pour pou ne povoit dire mot;
Mais afin que le trou estoupe²,
Ung petit drappelet decoupe
Et de la cire avec mesle :
Le trou estoupe et bien le selle,
Qu'omme ne pot véoir par là.
Adonques se party de là,
Vers son frere voult repairier,
3050 Dolent de cuer et en souspir :
Bien congnoit le conte son frere
Qu'il ot au cuer douleur amere,
Cuida que sa femme eust trouvée
En aucun lieu deshonnourée ;
Si lui dist : « Frere, bien pensoie
Que n'aloit pas la droite voie
Vostre femme, et qu'elle faloit³

¹ *Non pour tant*, néanmoins.
² *Estouper*, boucher.
³ *Faloir*, manquer.

Envers vous, dont chascun parloit. »
Lors Raymon haultement parla,
3060 Et dist : « Vous y mentez par là,
Faulse gueule, et parmy les dens;
De male heure [1] entrastes dedens
Mon hostel : or vous en alez;
De la dame plus ne parlez,
Car elle est nette, sans diffame [2];
Il n'est point de plus preude [3] fame.
Vous m'avez fait tel chose faire
Qui me tournera à contraire [4].
Partez de cy tantost, ribault;
3070 Car, par ma foy! bien pou s'en fault
Qu'en present je ne vous occy.
Alez-vous-en, partez de cy.
Mal vy l'eure que vous venistes
Et que les paroles déistes.
Jamais vers moy ne retournez. »
Raymon sembloit bien forsenez,
Tout le peuple s'esmerveilloit
Qu'ainsi à son frere parloit.
Le conte part tous esbahys

[1] *De male heure*, malheureuse fut l'heure où.
[2] *Diffame*, reproche.
[3] *Preude*, honnête, digne.
[4] *Contraire*, malheur.

3080 Et s'en retourne en son pays,
Souvent l'eure et le jour maudit
Qu'il avait onques le mot dit,
Bien voit qu'à son frere n'aura
Jamais paix ne ne l'amera;
Plus dolent ne fut onques hom
De ce qu'il ot courroucié Raymon,
Et droit avoit d'estre courrouciés :
Destruit en fu et exilliés ;
Car quant Geoffroy au Grand-Dent sçot
3090 L'affaire, le plus tost qu'il pot
En son pays arrivez fu
Et mist en flambe [1] et en fu.
De Forestz fist morir le conte
Vilainement et à grant honte,
Et puis donna celle contrée
De Forestz, qu'il ot conquestée,
Entierement à ung sien frere :
Conte de Forestz le voult faire.
De Geoffroy au Grant-Dent lairay
3100 Et à Raymon retourneray,
Qui de dueil forment se tourmente ;
Il pleure, gemist et lamente,
Souvent palist et pert couleur,

[1] *Flambe*, flamme.

Point n'a de fin en sa douleur.
« Helas, helas! ce dist Raymons,
Ou monde n'a plus povres homs,
En verité, comme je suy.
Helas! Mellusigne, au jour d'uy
Par ma faulte vous ai perdue,
3110 De dueil en fremis et tressue.
Helas! vous perdray-je, m'amie,
Mon cuer, mon bien, m'amour, ma vie?
Par toy, Fortune doulereuse,
Perdray ma pensée joyeuse,
Qui m'avoit fait tel comme je suis.
M'iray-je getter en ung puis?
Que feray-je, beau sire Dieux?
Jamais n'auray ne ris ne jeux
De la belle que tant amoie :
3120 C'estoit mon solas [1] et ma joie,
Ma plaisance et tout mon delit. »
Lors se despouille et entre ou lit,
Mais endormis ne s'est-il mie;
Il souspire, pleure et lermie :
« Ha Dieu! dist-il, et que feray
Ne comment me gouverneray,
Mellusigne, se je vous pers?

[1] *Solas*, consolation.

Je m'en iray par ces desers
Devenir reclus ou hermite
3130 En lieu forain [1] où nul n'abite.
Ha Mellusigne, dame franche !
Mon cuer, m'amour et ma plaisance !
Vous perdray-je par tel meschief ? »
Les cheveux tire de son chief,
Du poing se fiert en la poitrine,
Souvent regrete Mellusigne ;
En son lit tourne et retourne,
En ung estat point ne sejourne,
Puis sur le dos, puis sur le ventre.
3140 Lors Mellusigne en la chambre entre,
Et si tost qu'elle y fu venue,
Elle se despouille toute nue ;
Appertement sault [2] sur la couche,
Avecques Raymondin se couche,
Elle l'embrace et si l'acola :
Lors treuve que froit le col a,
Le col voire, aussi tout le corps,
Car il estoit descouvert lors
Et debatu [3] et destourné ;
3150 Il estoit trop mal atourné.

[1] *Forain*, écarté.
[2] *Sault*, saute.
[3] *Debatu*, agité.

Si lui dist Mellusigne en bas :
Monseigneur, et qu'avez-vous, las?
Sentez vous ne mal ne douleur?
Vous avez trop pale couleur.
Dictes-moi, je vous en prie,
Helas! ne suis-je vostre amie?
Vous ne me devez celer rien.
Sire, je vous gueriray bien
De chose dont vous dementez.
3160 Dictes-moy se mal vous sentez,
Delivrez-vous [1] appertement,
Garis serez presentement. »
Quant Raymon ce mot dire oy,
Adonques forment s'esjoy,
Et pense que riens ne savoit
De tout le fait que fait avoit
(Mais elle savoit moult bien,
Combien qu'elle ne lui en dist rien),
Pour ce qu'il n'avoit descouvert
3170 Le fait à personne ne ouvert,
Et qu'il en fu vray repentans
Trop plus que ne dy cent tans [2].
Raymondin dist : « J'ay chaleur eue

---

[1] *Delivrez-vous*, débarrassez-vous.
[2] *Tans*, fois.

En maniere de continue ;
Or est maintenant celle ardure
Tournée et muée en froidure. »
Celle dist : « Tost serez gueris,
De riens ne soyez esmaris. »
Elle l'embrace et si le baise,
3180 De quoy Raymon fu bien aise.
En tel estat longtemps regnerent
Et bonne vie demenerent ;
Mais vueil d'eulz laissier ester,
De dire me vueil aprester.

Comment se gouverna Geuffrois
A la Grant-Dent à ceste fois.

Geuffroy s'en va devers Guerrande,
Chevauce et la voie demande
Où le geant trouver pourra :
3190 A lui combatre se vouldra.
Tantost la roche va veant,
Ou quel repairoit le geant
Guedon, qui tant fu orguilleux,
Grant, gros et moult merveilleux ;
Du cheval sault et descendy,
Tantost se arma, plus n'attendy.
Quant armez fu, si remonta ;
Le geant point ne redoubta,
Une massue prent d'achier,

3200 A l'archon la va atachier;
Et puis après saisy l'escu,
Qui cousté avoit maint escu;
Puis la lanche au fer agu prent:
Sauve le Dieu! grant fait emprent ¹.
Toutes ses gens commande ² à Dieu;
Mais chascun plouroit en ce lieu
Pour leur maistre, car ils creoient
Que jamais ne le reverroient.
Geuffroy leur dist: « Or vous taisiés
3210 Et de rien ne vous esmayés:
Sachiés de voir, je vous creant ³,
Je desconfiray le geant
A l'ayde de Dieu le pere
Et de sa glorieuse mere. »
Adont Geuffroy se party d'eulz,
Adieu leur dist, s'en va tout seulz;
Le rochier passa, va amont
Au chasteau assis sur le mont,
Au pont vint, point ne detria ⁴;
3220 A haulte voix lors s'escria:
« Où es-tu, faulx traitre? où ez?

¹ *Emprent*, entreprend.
² *Commander*, recommander.
³ *Creanter*, assurer.
⁴ *Detrier*, s'arrêter.

Par moy seras-tu mort ruez [1],
Qui en mon pays et ma terre
As mené si longuement guerre;
Jamais de cy ne partiray
Tant que mort ou vaincu t'auray. »
Ou dongon estoit li geans
Es galeries de leans,
La voix oit du noble vassaulx,
3230 Appertement a fait deux saulx;
Mist la teste hors le creneau,
Qui grosse estoit comme ung thoneau;
Geuffroy à la Grant-Dent avise,
Compte n'en fait, riens ne le prise;
C'estoit-il grant et parcréu [2],
Oncques mais tel n'avoit véu.
Ses dieux jure que mal y vint;
Forment avillenez [3] se tint
Quand ung seul homme lui fait guerre
3240 Et devant sa porte le vient querre;
Errant s'arma, descent aval,
De quoy il lui en prendra mal;
Une faulx d'acier ala prendre

[1] *Ruer*, jeter, renverser.
[2] *Parcréu*, énorme.
[3] *Avillenez*, vilipendé.

Bien trempée, pas n'estoit tendre ;
Puis prent de fer trois grand fleaux
Et en son sain trois gros marteaux,
Le pont avale et yst ¹ dehors ;
Moult fu grant et fourny de corps,
Car quant il estoit en estant ²,
5250 Quinze piés avoit le geant.
Et quant Geuffroy de lui s'apresse ³,
Merveille soy de sa grandesse ;
Mais oncques n'ot de lui paour
Pour sa grandeur ne au cuer freour,
Ains le deffie fierement ;
Vers lui se trait ⁴ legierement.
« Qui ez-tu, ce dist Guedon, dy ? »
Et Geuffroy vers lui respondy :
« Geuffroy au Grant-Dent on m'appelle,
5260 A nul homme mon nom ne cele.
Deffens-toy, le chief me lairas. »
— « Chetif, dist Guedon, que feras ?
A ung seul coup t'auray occis :
Si t'en retourne, beau filz,
Car il me prent pitié de toy

---

¹ *Avaler*, baisser. — *Yst*, sort.
² *En estant*, debout.
³ *S'apresse*, s'approche.
⁴ *Se traire*, se tirer, aller.

Pour ce que juennes homs te voy;
Enfès [1] de grant habilité,
Geuffroy, va-t'en par amisté. »
 Lors respont Geuffroy : « C'est folie.
5270 N'ayes pitié que de ta vie;
Car tost elle sera finée,
Sans faulte, au trenchant de m'espée.
Defens-toy, car tu y mouras,
Eschapper de moy ne pourras. »
Mais li geant conte n'en tint.
Geuffroy contre le geant vint
Tant comme cheval puet courir :
Or le vueille Dieu secourir !
En la poitrine l'assenna [2],
5280 Au geant grant coup donna
Et par si grant vassellage
Qu'il le mist en très grant rage;
Tout estourdy l'a abattu.
Le geant se lieve : « Et m'as-tu,
Ce dist-il, baillié tel offrande ?
C'est bien raison que la te rende. »
En piés sailly, bien fu yriés [3]
Qu'à la terre fu trebuchiés

---

[1] *Enfès*, enfant.
[2] *Assenner*, viser.
[3] *Yriés*, chagrin.

Par ung seul coup de chevalier.
3290 Lors empoingne le brant d'achier
Ainsi que Geuffroy retourna,
Lequel gueres ne sejourna.
Le geant le brant d'acier hauche [1],
Car il feroit à la main gauche;
Les deux jambes trenche au cheval
De Geuffroy : adont chiet aval;
Mais Geuffroy tost du destrier sault [2]
Appertement que riens n'y fault.
Lors a trait du foureau l'espée,
3300 Au geant va de randonnée [3],
Sur le senestre bras le fiert
Comme à bon chevalier affiert [4],
La faulx lui fait saillir du poing,
Oncques puis ne lui ot besoing;
Car Geuffroy d'un coup d'escremie [5]
A l'assenner ne failly mie.
En la hanche moult le blecha;
Mais de lui Guedon s'approcha,
Qui mortel guerre lui pourchace.

---

[1] *Haucher*, hausser.
[2] *Sault*, saute.
[3] *De randonnée*, avec force.
[4] *Affiert*, convient.
[5] *Escremie*, escrime.

3310 Son flael ¹ prent et met en place,
A Geuffroy sur le heaume en donne;
Tant l'estourdit et tant l'estonne,
A pou qu'à terre ne l'abat.
Geuffroy l'espée ou fourreau embat ²,
Au cheval vient prendre sa machue,
Au geant moult grant conp en rue;
Du coup le fist tout chanceler,
Et le flael des poings voler.
Ung de ses marteaux Guedon prent,
3320 A Geuffroy le rue asprement,
Du coup ruer moult s'esvertue;
De Geuffroy ataint la machue,
Il lui a fait voler des mains :
Geuffroy n'en aura mais huy mains ³.
Le geant sault et prent sa mache;
Mais Geuffroy tost l'espée sache ⁴,
Sur le bras Guedon assena
Et si très grant coup lui donna
Que le bras tout parmy lui trenche :
3330 Ainsi Geuffroy si se revenche.
Ou pré chiet et bras et machue,

¹ *Flael*, fléau.
² *Embatre*, mettre.
³ *Mais huy mains*, dorénavant moins.
⁴ *Sacher*, tirer.

LE LIVRE DE LUSIGNAN.

Dont de deuil le geant tressue.
Moult fu le geant esperdus,
Quant ot ung de ses bras perdus ;
Haulce l'espée, ferir cuida
Geuffroy, mais du coup se vuida.
Ung pou guenchi¹ emmy la prée,
Sur la jambe fiert de l'espée,
Et si merveilleux coup lui donne
3340 Qu'en deux pars la jambe tronchonne.
Le geant chiet, adont s'escrie
Que ses dieux lui facent aye² ;
Mais Geuffroy sur le haterel³
Lui a donné ung tel merel⁴.
Et une si grande offrande
Qu'il n'a heaume qu'il ne fende.
Le heaume trenche et pourfent,
Jusques emmy les dens le fent,
Et puis au trenchant de l'espée
3350 Lui a-il la teste trenchée.
Puis prent son cor zarrasinois,
Hault le sonne deux ou trois fois.
Ses gens bien le son entendirent,

---

¹ *Guenchir*, aller de côté.
² *Aye*, aide, assistance.
³ *Haterel*, nuque.
⁴ *Merel*, atout.

A lui viennent, plus n'attendirent ;
Ilz le treuvent emmy le pré,
Où le geant avait oultré ;
Et quant le geant si grant virent,
De la façon ¹ moult s'esbahirent.
Lors prindrent à dire à Geuffroy :
3360 « D'oultrage et de grant desroy ²
D'envahir cet homme s'est meu :
Comment vaincre l'avez péu,
Cest ennemy, ne desconfire ?
Vous avez fait ung beau fait, sire. »
— « Beaux seigneurs, respont Geuffrois,
Il le failloit, feust tort, feust drois ;
Car reculer je ne povoie,
Ma vie defendre devoie :
Si ay-je fait, Dieux soit louez !
3370 Je l'ai conquis, vous le voyés. »
Adont entrerent ou chastel,
Qui estoit moult hault et bel.
On le scet par la region,
De quoy plus ne parleron.
Grant joie et grant solas en font
Petis et grans, moult joieux sont

---

¹ *Façon*, figure.
² *Oultrage*, hardiesse. — *Desroy*, folie.

LE LIVRE DE LUSIGNAN. 157

<pre>
      Que le geant est par Geuffrois
      Desconfis et mors tous frois;
      Sire le font de celle terre,
3380 Dont il avoit finé la guerre.
      A Vauvent s'en va ung message,
      Qui estoit moult courtois et sage;
      A Raymon dist le messagier
      Que par Geuffroy le geant fier
      Est desconfis et mis à mort,
      Dont Raimon rit de joie fort.
      Mellusigne sans atargier ¹
      Fist bonne chiere au messagier,
      Et quant lui ot fait chiere bonne,
3390 Ung moult grant riche don lui donne;
      Et Raimondin, qui voult escripre,
      Prent du pappier et de la cire :
      Adont à ung sien secretaire
      Tantost unes lettres fait faire.
      Bien sont les lettres devisées ²,
      Et Raimondin les a seellées.
      Raimondin si escript et mande
      A Geuffroy, qu'estoit en Guerrande,
      Comment Fromont estoit vestus ³
</pre>

¹ *Atargier*, tarder.
² *Deviser*, dicter.
³ *Estoit vestus*, avait pris l'habit.

A Maillezès et recéus,
Et que moine estoit d'abbaye
Où il vouloit user sa vie
Et prier pour ses amis Dieu,
Car c'estoit ung moult devot lieu.
Helas! mal fist les lettres faire :
Ilz lui tournerent à contraire ;
Car il en perdra Mellusigne,
Qu'il amoit de bonne amour fine.
Or vous lairons [1] à ceste fois
De Raymon le doulz et courtois,
Et de Mellusigne sa femme,
Qui tant par estoit preude femme ;
De Geuffroy à la Grant-Dent dirons
Et doresnavant parlerons.
En Guerrande Geuffroy estoit,
Tout le pays le festioit
Pour le geant qu'avoit destruit :
Moult grant joie en eurent tuit.
Es-vous venir ung messagier,
A Geuffroy vint sans atargier :
Il venoit de Northombrelande;
Geuffroy à la Grant-Dent demande,
Et on lui enseigne sans attente.

[1] *Lairons*, laisserons.

A Geuffroy les lettres presente :
« Sire, dist-il, pour Dieu mercy [1],
Qu'il vous plaise à entendre cy.
En Northombrelant est venus
Ungs homs assez plus grant que nulz :
C'est ung geant moult merveilleux,
3430 Moult cruel et moult perilleux ;
Il maine à tout le pays guerre,
Gaste et destruit toute la terre :
Si vous requierent par amours
Que leur vueilliés donner secours
Les seigneurs qui du pays sont,
Car en vous moult grant fiance ont,
Et que d'y venir vous hastez,
Car de ce sont bien deliberez
Que trestous à vous se rendront
3440 Et leurs terres de vous tendront,
Mais que voz lettres vous ouvrez :
Ainsi trouver vous le pourrez.
Ilz ont getté sur vous leur sort
Que destruirez le geant fort. »
Geuffroy ront les lettres [2] et les list
De mot à mot, et puis lui dist :

[1] *Pour Dieu mercy*, pour la miséricorde de Dieu.
[2] *Ront les lettres*, brise le cachet des lettres.

« Il est verité, messagier,
Pas ne vous treuve mençongier,
Et je vous jure par sainte Crois
3450 Qu'on m'appelle au Grant-Dent Geuffrois;
Mais pour terre ne pour avoir
Ne me quier jà de cy mouvoir ;
Mais le pays je secourray
Tout au plus tost que je pourray,
Car j'ay du peuple grant pitié
Pour amour de la crestienté
Et aussi pour honneur conquerre.
Le geant à moy a la guerre :
Je iray tantost appertement. »
3460 Geuffroy fait son aprestement,
Quant le message se descendy
De par son pere, et lui tendy
La lettre qu'il lui envoioit.
Geuffroy les list; et quant il voit
Que son frere est moine rendus,
Il amast mieulx qu'il fust pendus.
Encores les list de rechief,
Dont au cuer ot dueil et meschief [1],
Combien que joie ot de son pere
3470 Et de Mellusigne sa mere,

---

[1] *Meschief*, peine.

Qui estoient sains et haitiés ¹ :
De cela ot-il le cuer liez ;
Mais quant de son frere Fromont
Qui moines ert, se deult-il ² moult.
De despit a perdu le sens ;
Vermeil fu d'aïr ³ comme sangs,
De fin haïr qu'il ot au corps,
Que ot escume comme ungs porcs.
Jà homme ne le regardast
3480 Qui de grant paour ne tremblast.
En hault a dit : « Ces leschéurs ⁴,
Ces faulx ⁵ moines, ces boisdéurs,
Ont, par la sainte Trinité !
Mon frere Fromont enchanté,
Si l'ont fait moine devenir :
Il leur puisse mesavenir !
Moine l'ont fait à couronne ⁶,
Dont la nouvelle ne m'est point bonne.
Se la besoingne ainsi demeure,
3490 Je les verray ains que je muire.

¹ *Haitié*, en parfaite santé.
² *Se deult-il*, il s'affligea.
³ *Aïr*, haïr, colère.
⁴ *Lescheurs*, vauriens.
⁵ *Faulx*, fourbes, imposteurs.
⁶ *Couronne*, tonsure.

Je n'y mettray pas longuement,
Je y vueil aler presentement,
Si les ardray tous en ung feu. »
Le message qui là fu,
Qui venoit de Northombrelande :
« Amis, dist-il, je vous commande
Que cy endroit vous m'attendez [1]
Et de riens ne vous dementez ;
Sachiés, briefment retourneray
3500 Et avecques vous m'en iray
Pour desconfire le geant :
Ainsi sera, je vous creant [2]. »
Cellui qui ne l'osa desdire
Lui respondy : « Je le vueil, sire ;
Quant il vous plaist, c'est bien raison.
Je garderay ceste maison
Sans me partir ne mettre à voie,
Jusques à tout que vous revoie. »
Geuffroy respondy : « C'est bien dit.
3510 — Avant ! dist-il, sans contredit,
A ses gens, montez à cheval.
Je n'espargneray mont ne val
Jusqu'à tant qu'à Maillezès soie. »

[1] *Cy endroit*, ici même.
[2] *Creanter*, assurer.

Adont Geuffroy se met à voie,
Le fier, le cruel, le hardy;
Tant chemina qu'à ung mardy
Est arrivez à l'abbaye.
Les moines furent en chapitre
A ung des moines de leens,
3520 Et Geuffroy entre là-dedens.
Adont quant les moines le sceurent,
Encontre lui tous acoururent;
Ilz sont contre lui tous venus,
Autant les grans que les menus.
Tout le couvent si le salue,
Car grant joie ont de sa venue.
A l'abbé lors qui fut pelé,
A Geuffroy rudement parlé;
Comme eschauffé et plein d'ire,
3530 A dans[1] abbés à prins à dire :
« Abbé, pourquoy fistes-vous faire,
En ce monstier, moine mon frere,
Et delaissier chevalerie
Pour prendre l'ordre d'abbaïe?
En bonne foy, mal le pensastes,
Car vostre mort vous pourchassastes :
Vous en mourrez mauvaisement,

[1] *Dans*, seigneur.

Et vous et tout vostre couvent. »
Lors fremist et estraint les dens.
3540 Tous ceulz qui furent là dedens
Eurent paour, quant ilz le virent;
Les moines pleurent et souspirent
De la très grant paour qu'ilz ont.
Adonques dans abbez respont :
« Sire, ce ne fu point par moy ;
Ce fu par lui, et je l'en croy.
Il fu meuz en devotion
D'entrer en la religion :
Il est ainsi. Veez cy Fromont :
3550 S'il vous plaist, demandez-lui mont[1]. »
Fromont lui dist : « Frere, vraiement
Et par le mien vray serement,
Il n'est que par moy venu
Que moine estre m'a convenu.
Moine sui et moyne seray,
Ceans pour vous Dieu prieray ;
Du fait ne me suis attendu
Fors à Dieu, à qui suis rendu.
Il a bien pléu à mon pere
3560 Et à Mellusigne ma mere ;
Bien veulent que je use ma vie

[1] *Mont*, en vérité.

Ceans moine, et que Dieu prie,
Beau frere, pour eulz et pour vous,
Qu'en paradis nous mette tous. »
Geuffroy l'entent, par peu n'enrage;
Espris de merveilleux courage,
Moult fu espris de dueil et d'ire;
D'illec se part, tous les huis tire,
Tous les enclost dedens et serre;
5570 Puis envoie querir grant erre
Estrain ¹ et bois à grant plenté,
De tout mal faire entalenté,
Et tant en fait mettre en ung mont ²
Que chascun s'en merveille moult.
Le feu a prins, dedens le boute :
En pou de temps ne vit-on goute,
Pour la fumiere ³ qui là fu;
Et quant espris fu fort le fu,
Dedens l'abbaye se prent.
5580 Le feu, dedens l'eglise esprent :
Là tous les moines atrappa,
Oncques ung seul n'en eschappa;
L'abbé et cent moines ardy ⁴

---

¹ *Estrain*, paille, *stramen*.
² *Mont*, monceau.
³ *Fumiere*, fumée.
⁴ *Ardy*, brûla.

Tous à ce jour de mardy,
Tant en ardy leans par compte
A grant douleur et à grant honte,
Et la plus grant part de l'abbaye
Fu par lui destruite et bruie;
N'en demoura ung moine seul,
3590 Ars furent à honte et à dueil;
Et quant il apparçoit sa faulte,
Lors s'escria à voix moult haulte :
« Helas, chetif! et qu'as-tu fait,
Qui as ce beau monstier deffait? »
Son frere il regreta souvent
Et l'abbé et tout le couvent :
Folie est, ne les puet ravoir
Jamais pour or ne pour avoir.
Il se complaint, il se demente[1],
3600 De pitié souspire et lamente;
De là se part, monte à cheval,
Il n'espargne ne mont ne val :
En paine est et grant soussy
De son frere qu'a ars ainsy,
Et tant de bons religieux.
Adont dist-il : « Beau sire Dieux,
Que pourra ma vie devenir,

---

[1] *Se demexter*, se plaindre.

N'à quel fin pourray-je venir?
Onques homs qui fust d'Adam nez
3610 Ne fu si bien qu'à moy dampnez;
Bien sui mauvais, faulx et trichierres[1];
Je sui plus que Judas pechieres,
Jamais ne verray vis à vis[2]
Dieu le pere, ce m'est avis.
Mort, vieng à moy et si m'emporte. »
Ainsi Geuffroy se desconforte;
Mais tant chevauce à pas menus
Qu'il est en Guerrande venus,
Tout courroucié du grant dommage
3620 Qu'il avoit fait. Lors le message
Vint contre lui, qu'avoit laissié.
Quant Geuffroy voit, moult fu lié.
Geuffroy ne fist point de demeure,
De là se party à celle heure,
A nullui congié ne demande;
Il s'en va vers Northombrelande
Avec le messagier de la terre
Qui Geuffroy estoit venu querre,
Et de ses hommes jusqu'à dix.
3630 Il ne voult[3] point estre tardis

[1] *Trichierres*, tricheur, traître.
[2] *Vis à vis*, face à face.
[3] *Voult*, voulut.

Si tost qu'il arrive, au port entre.
On lui fist grant chiere à l'entre,
Et du pays li messagiers
Qui conduisoit ses chevaliers.
La voille fu levéz amont,
Eramment ¹ desancrez se sont.
Les mariniers en mer s'empaignent ²,
Et au partir trestous se seignent.
Le vent fu bon, moult bien siglerent,
3640 En pou d'eure moult loing alerent.
A tant de Geuffroy me tairay,
Et de Raimon je parleray.

¹ *Eramment*, tout de suite.
² *S'empaignent*, se mettent.

Cy est le quarantiesme Chapitre de ce Livre.

      Raymondin estoit à Vauvent,
      Car là se tenoit moult souvent,
      Et Mellusigne sa mouillier,
      Raymon le noble chevalier;
      A Vauvent furent embeduy [1],
      Tantost orent dueil et ennuy.
      Assis estoient au mengier :
3650 Ès-vous venir un messagier,
      Qui humblement les salua;
      Mais la couleur si lui mua
      Pour ce qu'il redoubtoit l'affaire
      Du message qu'il faloit faire;
      Et Raimondin dist maintenant :

---

[1] *Embeduy*, tous deux.

« Gentil messagier, bien viengnant[1]. »
Des nouvelles lui voult enquerre,
Dont il venoit ne de quel terre :
Helas ! nouvelles il dira,
3660 Mais de les dire grant ire a ;
Car telz nouvelles vouldra dire
Qui sont mauvaises et plein d'ire,
Et en perdra la compaignie
De Mellusigne l'enseignie
A ceste fois pour toujours mais ;
Servi sera du derzain[2] mès
Que jamais ait avec sa femme,
Où n'ot onques point de diffame[3].
Le messagier adont parole :
3670 « Sire, entendez ma parole :
Dire le fault, dont suis dolent.
Mort est l'un de voz enfans. »
— « Lequel est-ce ? dist Raimont.
« Par ma foy ! sire, c'est Fromont. »
— « Or me dy comment il est mors.
Est point ensevely son corps ?
Dieu vueille avoir mercy de s'ame !
Enterrez est à Nostre-Dame.

[1] *Bien viengnant*, sois le bienvenu.
[2] *Derzain*, dernier.
[3] *Diffame*, honte.

De Luzignen solennelment ? »
3680 Le messagier dist haultement :
« Jamais n'ara sepulture,
Très chier sire, je le vous jure. »
Adont devant tout lui conte
Comment Geuffroy a mis à honte
Et ars et bruys [1] l'abbaye
De Maillezès par desverie [2],
Fromont, les moines et l'abbé :
Ung tout seul n'en est eschappé
Qui n'ait esté ars et bruis ;
3690 Et comment il ferma les huis,
De peur que nulz ne s'en fuist,
Et qu'ensemble tous les bruist
Pour le grant despit qu'il avoit
De Fromont qui moines estoit.
Quant Raimon l'ot, si se seigna ;
En grant douleur son cuer baigna.
Encor autre fois lui demande
Et estroitement lui commande
Que il lui die la verité :
3700 « Veez-cy, dist-il, grant cruaulté.
Est-il ainsi ? garde-toy bien

---

[1] *Bruys*, brûlé, grillé.
[2] *Desverie*, folie.

Que tu ne me mentes de rien. »
Cilz respont : « Il est ainsi, sire ;
Cela vous ose bien dire.
Il est ainsi, se m'aïst Dieux [1],
Car je l'ay veu de mes deux yeux. »
Quant Raimon l'ot, mue couleur,
Point n'a de fin en sa douleur ;
Monte à cheval sans atargier,
3710 Il ne fina de chevaucier,
Si est à Maillezès venu :
Tant chevauça fort et menu.
Il treuve en la ville l'effroy :
Chascun se plaignoit de Geuffroy.
Raimon apperçoit la grant perte,
L'abbaye voit arse et deserte,
Il regarde de toutes pars,
Voit que les moines sont tous ars,
Voit la merveilleuse aventure :
3720 Raimon donques moult fort jure
Par le Dieu qui moru en crois,
Qu'il en fera mourir Geuffrois
Et de crueuse [2] mort fenir ;
Mais qu'il le puisse au poing tenir,

---

[1] *Se m'aïst Dieux*, si Dieu m'aide.
[2] *Crueuse*, cruelle.

Il le fera mourir à honte.
Adont sur son cheval remonte,
Tant couroucié et plein d'ire
Que je ne le pourroie dire ;
A Maillezès plus ne sejourne,
3730 D'illec se part et s'en retourne.
Ce jour-là chevauça moult fort,
Voire tant qu'il arriva au fort
Du noble chasteau de Vauvent :
Son cheval aloit comme vent.
Dedens entra, puis descendy
Appertement, plus n'attendy ;
En une chambre entre tantost,
A soy tire l'uis et le clost.
Là se commence à dementer,
3740 Plaindre, gemir et lamenter :
« Ha! dist-il, Fortune dervée,
Tu ne m'as pas esté privée ;
Par-dessus tous m'as enhay.
Las! pourquoy m'as-tu envahy?
Au premier me fuz bien contraire,
Quant tu me feis le murtre faire
Du noble conte de Poitiers,
Aimery, le bon chevaliers.
Je le mis à mort au cler de lune :
3750 Ce fu par toy, dame Fortune.

Helas! il estoit tant preudomme
Que per¹ n'avoit jusques à Romme.
Et puis m'as fait à la volée
Prendre celle femme faée;
Celle diffamée serpente :
N'ay pas tort se je me demente.
Or en ay eu dix beaux enfans;
Mais l'un est mort, dont suis dolans,
Lequel pour mener sainte vie
3760 Avoie fait moine d'abbaie;
Or l'a son frere mis à mort.
Je cuide que fruit qu'elle port
Ne fera jour du monde bien.
Le commencement n'en vault rien,
Et, par la lerme de Vendosme!
Je croy que ce n'est que fantosme.
Ne la vy-je pas en son baing?
Je n'en estoie pas moult loing.
Par le pertuis de l'uis, oyl²,
3770 De la teste jusqu'au nombril.
Femme estoit moult belle et gente;
Mais au-dessoubz estoit serpente;
Serpente, voire, vraiement :

¹ *Per*, pareil.
² *Oyl*, oui.

Queue avoit burlée d'argent
Et d'asur, dont se debatoit
Tant que l'eaue toute troubloit.
Moult grant hideur ¹ au cuer me fist.
Ne fust homs qui la véist
En l'estat comme je la vy,
3780 Qu'il ne s'en feust tantost fuy;
Car c'estoit chose espoentable.
Dieu me gart d'euvre de diable,
Mais me tiengne en foy catholique ! »
Mellusigne adont l'uis desclique,
Car bien deffermer ² le savoit;
Aussi la clef de l'uis avoit.
Chevaliers, dames et damoiselles,
Escuiers et juennes pucelles,
Avec Mellusigne entrerent
3790 En la chambre, où Raimon trouverent.

En la chambre entrent maintenant.
Raimon voit sa femme venant,
Marris fu, n'ot point de couleur.
Or commence la grant douleur
De Raimondin et de s'amie;
Or vient la dure departie ³,

¹ *Hideur*, horreur.
² *Deffermer*, ouvrir.
³ *Departie*, séparation.

Ainsi que vous orrez briefment.
Adont Mellusigne erramment
A dit à Raimon son mary :
3800 « Or n'ayés point le cuer marry
De ce qu'amender ne poyez.
Amis, Dieu soit de tout loez !
Car il puet faire ce qu'il veult.
Cellui est bien fol qui se deult [1]
De ce qu'il ne puet amender ;
On doit tel dueil laissier aler.
Se Geuffroy a mespris vers Dieu
Et qu'il ait destruit le beau lieu
De Maillezès par son affaire,
3810 Encor pourra-il sa paix faire
Envers Dieu par grant repentance,
Et en puet avoir penitance
Et en souffrir paine du corps,
Car Dieu est tout misericors [2],
S'il a bonne contriction
Et puis vraie confession.
En verité, je le croy ainsi,
Que Dieu aura de lui merci :
Du pechéur Dieu ne veult mie

---

[1] *Se deult*, se plaint.
[2] *Misericors*, miséricordieux.

3820 La mort, mais aime mieulx la vie,
A celle fin qu'il se repente
Et qu'à tout bien faire s'assente¹. »
La dame sagement parloit ;
Mais Raimondin couruciés estoit,
Au cuer avoit moult grant ennuy :
Raison adont se part de lui ;
Tel mot dira dont repentir
Ne se pourra jusqu'au morir.
D'un regart fier et orguilleux
3830 La regarda de ses deux yeux ;
Et quant il ot ung pou pensé,
De folie s'est pourpensé.
Lors parla despiteusement²
Et dist devant tous haultement :
« Ha, serpente ! ta lignie
Ne fera jà bien en sa vie.
Veez-cy noble commencement,
Que ton fils Geuffroy au Grant-Dent
A cent et ung moine bruis,
3840 Et puis de là s'en est partis,
Dont fu l'un ton filz Fromont,
Voire, lequel j'amoie moult.

¹ *S'assente*, consente.
² *Despiteusement*, avec dépit.

Tous les a mors ton filz Geuffrois;
Mais ilz ne sont pas mors tous frois:
Chascun d'eulx a grant chault éu,
Je y ay esté et l'ay véu;
Tous les a ars ton filz Geuffroy. »
Helas, dolent! et quel desroy [1]
De ce mot qu'il a prononcié!
3850 Car il a fait mal et pechié:
Mellusigne tantost perdra,
Ne jamais ne la reverra.
Quant Mellusigne oy le mot,
En piés soustenir ne se pot,
Toute pausmée chiet à terre;
Douleur si fort le cuer lui serre
Que bien demie-heure passée
Fut à terre toute pasmée.
Les barons la vont redrecier
3860 Tout bellement, sans la blecier.
Tantost ung chevalier s'apreste,
Le vis lui mouille d'eaue fresche,
Voire, bien xv fois ou vint:
Adont le cuer lui revint.
A Raymon dist mollement,
Mais moult parla piteusement:

[1] *Desroy*, folie.

« Helas, helas, helas, Raimon!
Mal te vy oncques, ce fiz mon;
Mal vy la grant beauté de toy,
3870 Mal vy ton gracieux arroy [1],
Mal te vy dessus la fontaine,
Mal vy ton gracieux demaine [2],
Mal vy ton atour amoureux,
Mal vy ton gent corps precieux,
Mal vy la dolente [3] journée
Qne de toy fus enamourée,
Mal vy ton beau contenement [4];
Mal vy ton gracieux corps gent,
Mal vy l'eure et le moment
3880 Que je te vy premierement.
Ta traïson, ta faulseté,
Ton faulx parler, ta cruauté
Et ta langue desraisonnable,
M'ont mise en paine pardurable [5].
D'illec jamais ne partiray,
Mais adez [6] paine souffreray;

---

[1] *Arroy*, tournure, équipage.
[2] *Demaine*, manière.
[3] *Dolente*, triste, douloureuse.
[4] *Contenement*, contenance, manière d'être.
[5] *Pardurable*, durable, éternelle.
[6] *Adez*, toujours.

Paine array jusqu'au derrain jour,
Qu'il plaira à nostre Seignour
A venir jugier mors et vifz.
3890 Jamais ne verras mon cler viz [1].
Faulx trichierres et faulx parjures,
Plains de tous vices et murmures,
Faulx amoureux, faulx mençongier,
Faulx traître, faulx chevalier,
Mal m'as tenu le convenant [2]
Que m'avoies enconvenant [3];
Tu as icy fait moult grant perte.
Encore m'estoie soufferte
De ce qu'en mon baing me véis,
3900 Pour ce qu'à nul ne le déis.
L'ennemy ne le savoit pas;
Mais si tost que revelé l'as,
L'a scéu; si te mescherroit [4],
Se mon corps à toy demouroit,
Et tu t'appercevras briefvement
De ton très-faulx parjurement.
Se verité eusses tenue,
Jusqu'à la mort m'eusses tenue

---

[1] *Viz*, visage.
[2] *Convenant*, convention.
[3] *Enconvenant*, promis.
[4] *Meschoir*, arriver malheur.

Ainsi que femme naturele,
Femenine, femme mortele;
Jusques en la fin de mes jours
Par moy eusses éu secours;
Et après le souverain Roy
Eust emporté l'ame de moy,
Quant elle feust du corps partie
Et eusse esté ensevelie,
Puis à grant honneur enterrée.
Helas! or m'as fort reboutée [1]
En paine, en douleur et torment,
Jusques au jour du Jugement.
« Par toy-mesmes t'ez decéu,
Tu ez de hault en bas chéu :
Sachiés qu'il te mesavenra,
Ne jamais bien ne te prendra;
Tondis declineront tes fais,
Ne jamais ne seront refais,
Et sera ta terre après toy
Partie [2] par pars; or le croy,
Jamais n'ert ensemble tenue
Par homme seul ne maintenue.
Plusieurs de tes hoirs decherront

---

[1] *Rebouter*, remettre.
[2] *Partir*, partager.

Et jamais pays n'acquerreront,
Aucuns de ceulx perdront leur terre
Par fine force de guerre,
De leur pays s'en fuiront
Ne jamais n'y recouvreront [1].
Pense de toy, filz, je t'en prie;
Plus ne te tenray compaignie,
Dont j'ay le cuer piteux et tendre.
3940 Je ne pourroie plus attendre. »
Trois des barons a à part trait,
Des plus grans; si leur dist à trait,
Comme femme sage et sensible :
« Entens, Raimon : ton filz Orrible
Fay mourir et en exil mettre,
De ce te fault-il entremettre.
Il apporta trois yeulx sur terre;
S'il vit, jamais ne fauldra guerre
En tout le pays poitevin
3950 Et n'y croistra ne pain ne vin,
Car tout le pays gasteroit
Tant que riens croistre n'y pourroit,
Et tous les lieux que j'ay fait faire
Feroit-il destruire et deffaire,
Et ses freres à poureté

[1] *Recouvrer*, revenir.

Mettroit-il tous en verité,
Voire, et tous ceulz de sa lignie.
Fay-le tost mourir, je t'en prie.
De dueil que tu as que Geuffroy
3960 A ars les moines par desroy,
Sachiés que c'est pugnition
Prinse sur la religion
De par Dieu, pour ce qu'ils faisoient
Moult de choses qu'ilz ne devoient
Ne de droit ne de raison faire ;
S'en a Dieu monstré l'exemplaire [1].
C'est de par Dieu qu'ilz sont bruis,
Tous mors, exilliés et destruis ;
Moult y avoit de leschéurs [2]
3970 Et de faulx moines pechéurs,
Qui ne tenoient point la vie
Ne l'ordre de leur abbaïe.
Se ton filz est mort avec eulx,
N'en ayes marrison [3] ne deulx.
Tu scez qu'on dit communement :
« Pour ung pecheur perissent cent. »
Cent en a ars, et c'est le nombre
Sans l'abbaye, que point ne nombre,

---

[1] *Exemplaire*, exemple.
[2] *Lescheurs*, vauriens.
[3] *Marrison*, chagrin.

Qui de eulx tous fu le maistre ;
3980 Cil en fu cause, bien puet estre.
Se Geuffroy les a tous destruis,
Par lui-meme seront restruis [1] ;
Plus beau monstier il fera faire
Que cellui qu'il a fait deffaire,
Et l'abbaye restorera ;
Pluseurs moines y fondera,
Voire, trop plus qu'il n'y ot onques,
Qui seront bonnes gens adonques
Et prieront pour la lignée
3990 Qui l'église ara redifiée.
Le lieu sera trop plus plaisant [2]
Assez qu'il n'estoit au-devant,
Et fera Geuffroy moult de biens
Quant il devenra anciens ;
Mais une chose vueil-je dire
Ainçois que je me parte, sire,
A la fin qu'en aient memoire
Ceulx qui après cent ans encore
Naistront, bien en oront parler :
4000 Voire, qu'on me verra parler
Entour le chastel de Luzignen

[1] *Restruire*, relever.
[2] *Plaisant*, qui plaît, agréable.

Tousjours devant en cellui an
Que le chastel changera maistre.
S'en l'air on ne me puet congnoistre,
Si m'apparay ¹ en terre plaine
Où au moins dessus la fontaine.
Sachiés, Raimon, qu'ainsi sera
Tant que le chastel durera ;
Car de mon nom le baptisay
4010 Et tel qu'il est le devisay :
Appeller le puis mon fillueil,
Devant tous bien dire le vueil,
Mellusigne m'appelle l'en :
Pour ce le nommay Luzignen.
Entour venray sans atargier ²,
Quant il vouldra seigneur changier ;
Trois jours devant, comme dit ay,
Certainement je m'apparay.
Mais je pers soulas ³ et leesce ⁴
4020 Puisqu'il convient que je le laisse,
Or ne puet-il estre autrement.
Raimondin, au commencement
Quant vous et moy nous entr'amasmes,

¹ *Apparay*, apparaîtrai.
² *Atargier*, tarder.
³ *Soulas*, consolation.
⁴ *Leesce*, liesse, joie.

Toute plaisance nous trouvasmes,
Joie, soulas et druerie [1],
Comme ont amant et amie :
Helas ! le contraire je voy ;
No soulas se tourne en anoy [2],
Et en trestour [3] nostre leesce,
4030 Nostre grant vigueur en foiblesse,
Nostre plaisir en desplaisance,
Nostre bon eur en mescheance,
Nostre bien en maléurté [4],
En doubte [5] nostre séurté,
Et nostre très-noble franchise
Si est transmuée [6] en servise :
C'est par Fortune la parverse,
Qui l'un monte et l'autre renverse ;
C'est pour vostre grant jenglerie [7]
4040 Que vous perdez la vostre amie.
Or ne puis-je plus demourer ;
Amis, il m'en convient aler,
Et Dieu te pardoin les meffais

[1] *Druerie*, amitié, amour.
[2] *Anoy*, ennui, chagrin.
[3] *Trestour*, tristesse.
[4] *Maleurté*, malheur.
[5] *Doubte*, crainte.
[6] *Transmuer*, changer, *transmutare*.
[7] *Jenglerie*, fourberie.

Dont tu as envers moy tant fais !
Car par toy souffreray tourment
Jusques au jour du Jugement.
J'estoie par toy exemptée
De tristour et en joie entrée :
Las, dolente ! or suis rembatue [1]
4050 En douleur dont estoie yssue [2]. »
Mellusigne tel dueil demaine
Que corps de creature humaine
Qui l'oyst plaindre et souspirer
Ne se peust tenir de plourer.
Raimon adont ses mains deteurt [3],
Tel dueil a qu'a peines qu'il ne meurt,
Tant est espris de dueil et d'ire
Qu'il ne puet ung seul mot dire ;
D'elle s'approche et si l'embrace,
4060 Les yeulx lui baisoit et la face.
Là furent les deux amoureux
En ung torment si doulereux,
Car grief douleur si leurs cuers serre
Que ambedeux cheent à terre.
Pasmez furent moult longuement
Sans getter alaine ne vent,

[1] *Rembatu*, renfoncé.
[2] *Yssu*, sorti.
[3] *Deteurt*, tord.

Et cuidoient les barons lors
Que ces deux amans fussent mors,
Car longuement ainsi se tindrent;
4070 Et quant de paumoison revindrent
Et qu'ilz se porent respirer,
Si commencent à souspirer,
A gemir, plorer et plaindre,
Et leurs poings à tordre et estraindre.
Nul ne scet le dueil qu'ilz menoient,
De quoy tous ceulz d'entour pleuroient;
Et Mellusigne, à qui moult grieve,
Moult piteusement se relieve,
Et Raimondin lui prie adont [1]
4080 A genoulx qu'elle lui pardoint
Par courtoisie le meffait
Que par meschief [2] vers elle a fait.
La dame dist : « Ce ne puet estre,
Il ne plaist pas au Roy celestre;
Mais, bel ami, je vous supplie,
Souviengne-vous de vostre amie.
Oublyés vostre filz Fromont
Et pensez toujours de Raimon,
Pensez-en bien et bien ferez.

[1] *Adont*, alors.
[2] *Meschief*, malheur.

4090 Il sera conte de Forest,
Ce ne demoura pas granment ¹,
Après le mien departement ².
Pensez de Thierry aussi bien;
Encore fera-il moult de bien,
S'est-il encore à la mamelle.
De Partenay à la Rochelle
Aurra la terre à justicier
Et sera moult bon chevalier;
Et tous ceulx qui de lui ystront ³,
4100 Aussi bons chevaliers seront,
Preux et hardis, plains de courage,
Et durera moult le lignage.
Amis, sachiés bien que Thierris
Sera moult preux et hardis.
« Très-doulz amy, priez pour moy,
Car il me souvenra de toy;
A tous les jours que tu vivras,
De moy aide et confort auras
En toutes tes neccessitez.
4110 Prens en gré tes adversitez;
Car mais en forme femenine
Ne pourras veoir Mellusigne,

¹ *Granment*, grandement.
² *Departement*, départ.
³ *Ystront*, sortiront.

Mellusigne, ta doulce amie,
Qui tant t'a tenu compaignie. »
Sur la fenestre sailli ¹ lors
Piés joings, et regarda de hors
Dessus les vergiers florissans;
Mais ne s'en voult pas aler sans
Prendre congié là des barons,
4120 De quoy après nous parlerons,
Des dames et des damoiselles,
Des escuiers et des pucelles.
De tous ensemble prent congié,
Dont chascun pleure de pitié;
Puis a dit : « Adieu, Raimondin,
Que j'ay tant amé de cuer fin ²;
Jamais ne vous verray nul jour.
Adieu mon cuer, adieu m'amour,
Adieu ma joie souveraine,
4130 Adieu ma plaisance mondaine,
Adieu mon ami gracieux,
Adieu mon joyau precieux,
Adieu ma doulce nourreture,
Adieu très-doulce creature,
Adieu m'amour, adieu ma joie,

¹ *Saillir*, sauter.
² *Fin*, parfait.

Adieu quanqu'en ce monde amoie,
Adieu le bon, adieu le bel,
Adieu le noble jouvencel,
Adieu le bon, adieu le doulx,
4140 Adieu mon gracieux espoux;
Adieu te dy, mon doulz amy,
Adieu soyés, adieu mon mary,
Adieu, adieu mon doulx seigneur,
Adieu commans joie et baudeur.[1],
Adieu commans [2] la doulce vie,
Adieu soulas et druerie,
Adieu commande toute gent,
Adieu Luzignen bel et gent;
Adieu chasteau, je te fis faire;
4150 Adieu quanqu'à dame pluet plaire,
Adieu le son des instrumens,
Adieu dy tous esbatemens,
Adieu pris de toute honneur,
Adieu mon amy de mon cuer :
Dieux t'aït et Dieux te consault [3] ! »
Sans plus parler a fait ung sault;
Veans tous les barons par là,
De la fenestre s'en ala.

---

[1] *Baudeur*, allégresse.
[2] *Commans*, je recommande.
[3] *Consault*, conseille.

Quant elle ot finé sa parole,
4160 Par celle fenestre s'en vole
Mellusigne sans demourée [1]
Et s'est en serpente muée.
Grande et longue estoit vraiement,
Dont tous s'esbahissent forment ;
D'argent et d'asur fut burlée
La queue de celle faée,
Qui devenue estoit serpente,
Dont Raimondin moult se demente.
Trois fois le fort environna,
4170 A chascun tour ung son donna
Et getta ung cry merveilleux ;
Moult estrange et moult doulereux
Et moult piteux estoit le cry :
Il est voir tout ce que j'escry,
Je n'en daigneroie mentir.
Adont s'en va sans alentir,
Le vent a pris, par l'air s'en vole,
Perdue l'ont. Raimond parole [2],
En hault dist : « Las ! que feray ?
4180 Jamais au cuer joie n'aray. »
Moult se deteurt, moult se demente,

---

[1] *Demourée*, retard.
[2] *Paroler*, parler.

. . . .
Maudit l'eure qu'onques fu nez.
Raimondin est tout forsenez [1],
En hault dist devant les barons :
« Adieu madame aux beaux crins blons,
Adieu toute benéurté [2],
Adieu mon bien et ma seurté ;
Adieu vous dy, doulce maistresse ;
4190 Adieu ma joie et ma richesse,
Adieu commans tous mes esbas,
Adieu druerie, adieu solas ;
Adieu vous dy, dame de pris ;
Adieu la belle que tant pris [3],
Adieu ma femme, adieu m'espouse,
Adieu ma dame gracieuse ;
Adieu vous dy, très-doulce fleur ;
Adieu ma dame de valeur,
Adieu ma très doulce gorgette,
4200 Adieu rose, adieu violette,
Adieu l'arbre d'amour et l'ente ;
Adieu vous dy, ma dame gente ;
Adieu ma gloire, adieu ma joie,

[1] *Forsenez*, hors du sens.
[2] *Benéurté*, bonheur.
[3] *Pris*, (je) prise.

Adieu la belle que tant amoie.
Or sont passé tous mes beaux fais,
Car je ne vous verray jamais. »
Ainsi Raimondin regraitoit
Sa femme, dont douleur sentoit,
Qui parmy l'air s'en va volant,
4210 Dont il a le cuer moult dolant.
« Las! que feray-je? dit Raimont.
Certes j'ay douleur au cuer moult,
Onques homme n'en fu tant plains;
Si n'en doy de nullui estre plaings
De ce qu'au cuer sans grant anoy :
C'est bien raison, car c'est par moy;
Moy-mesmes me suis decéu,
J'ay fait la fosse où suis chéu.
Or suy-je bien maléureux,
4220 Or sui-je le plus douléreux
Qui douleur sentist en sa vie. »
Mais là ot doulce compaignie
Qui noblement le reconfortent,
Moult lui monstrent et enhortent [1]
Qu'il se vueille reconforter
Et doulcement le dueil porter,
Moult de beaux exemples lui dient,

[1] *Enhorter*, exhorter.

Son dueil ung petit amolient [1].
Si lui dist ung baron sensible [2] :
4230 « Il fault de vostre filz Orrible
Ordonner ainsi que determina
Mellusigne, quant nous donna
Conseil qu'on le fist mourir,
Ou le pays feroit perir. »
— « Seigneurs, ce leur a dit Raimont,
Je prie, n'attendez pas moult;
Faites-en son commandement :
Mort soit, il ne me chault comment;
Faites-en comme il vous plaira. »
4240 Illecques plus ne demoura
Raimon, qui moult fu courchiés [3]
Pour le dueil et pour le meschief
Qui lors lui estoit avenu;
Appertement s'en est venu
En une chambre de retrait [4] :
Là s'enferme et l'uis à lui trait,
Là se commence à dementer
De rechief et à lamenter
En celle chambre là tout seul.

---

[1] *Amolier*, amollir, tempérer.
[2] *Sensible*, sensé ; angl. *sensible*.
[3] *Courchiés*, courroucé, affligé.
[4] *De retrait*, retirée.

4250 Mais de lui plus parler ne veuil;
A present de luy me tairay,
Des barons du pays diray.
Sages estoient et sensibles;
Tous d'un accort prindrent Orribles,
En une cave l'enclouirent [1],
Du foing mouillié apporter firent,
Le feu y boutent de randonnée [2]
Dedens : adonques de fumée
Fu la cave incontinent plaine.
4260 Orrible adont perdy l'alaine,
Estouffé fu en la fumiere.
Puis le mettent en une biere
Et noblement l'ensevelissent,
L'exeque [3] font et accomplissent,
Selon le dit et la doctrine
Que leur avoit dit Mellusigne;
En une eglise l'enterrerent,
Et puis à Dieu le commanderent.
De là partent sans sejourner.
4270 Or vueil à Raimon retourner,
Qui grant douleur au cuer sentoit;

[1] *Enclouirent*, enfermèrent.
[2] *De randonnée*, sur-le-champ.
[3] *Exeque*, obsèques.

Piteusement se dementoit,
Pleure des yeulx, du cuer souspire,
On ne pourroit son dueil descripre.
Souvent disoit : « Ma doulce amie,
Je t'ay decéue et traïe,
Et par l'ennort[1] de put afaire[2]
Tout ce m'a fait mon cousin faire ;
Je sui par lui faulx et parjures,
4280 Plein de vices et plein d'injures.
Bien me meschut fortunéement[3]
A mon premier commencement,
Quant ou bois occis mon seigneur :
Onques meschief n'avint greigneur[4] ;
Et puis quant me suis parjuré
De ce que avoie juré
A la belle que tant amoie,
Dont tout bien et honneur avoie,
Par qui j'estoie soustenu,
4290 Par qui tout bien m'estoit venu,
Par qui soubz Dieu avoie vie.
Faulse fortune, par envie
M'as amené à ce dur port,

[1] *Ennort*, exhortation, conseil.
[2] *De put afaire*, bas, vil.
[3] *Fortunéement*, fortune, bonheur.
[4] *Greigneur*, plus grand.

Où j'ay perdu tout mon deport [1],
Où j'ay perdu toute leesee,
Où j'ay perdu toute richesse :
C'estoit la belle Mellusigne,
Où j'ay perdu joie enterine [2],
Que bien amoie autant que moy;
4300 Et moy com elle, par ma foy !
Amoit-elle du cuer parfait :
Elle l'a bien monstré par fait
Ou temps qu'avons esté ensemble,
Dont de pitié le cuer ne tremble
Quant m'en souvient, en verité;
Et j'en doy bien avoir pité,
Si auray-je toute ma vie.
A quoy tient-il que ne devie?
J'amasse mieulx à defenir [3]
4310 Que si griefs paines soustenir;
Jusqu'à tant que defineray,
De paine avoir ne fineray,
Ne jà n'iert mon mal fenis
Tant que je soie defenis;
Car mais ne puis fructifier
En ce monde ne edifier

[1] *Deport*, plaisir.
[2] *Enterine*, complète.
[3] *Devier, defenir*, mourir.

Chose qui ne voist¹ à declin,
Et pour ce fust mon cuer enclin
De finer plus tost que plus tart;
4320 Car Mellusigne, que Dieux gart!
Le me dist bien au departir² :
Ce fait mon cuer en deux partir³,
Et ensement⁴ comme la cire
Le fait en lermes fondre et frire. »

Ainsi se tormente Raymont,
En pleurs et en lermes se font
Pour Mellusigne la faée,
Qui depuis vint mainte vesprée⁵
En la chambre secretement
4330 Où l'en nourrissoit doulcement
Thierry, qui estoit son maisné⁶ filz;
De le visiter estoit ententifz⁷
Coyement⁸, mais mot ne sounoit;
Levoit, alaitoit et recouchoit.
Les nourrices bien le veoient

¹ *Voist*, aille.
² *Departir*, départ.
³ *Partir*, partager.
⁴ *Ensement*, de même.
⁵ *Vesprée*, soir.
⁶ *Maisné*, puîné, cadet.
⁷ *Ententifz*, soigneux.
⁸ *Coyement*, doucement.

Aucune fois, mais ilz n'osoient
Eulz lever ne ung seul mot dire;
Mais ilz le distrent à leur sire,
Raimondin, qui en ot grant joie.
4340 En son cuer dist et de voix quoie [1]
Qu'encor Mellusigne r'ara;
Mais mal à ce pensée a,
Car jamais ne la puet ravoir
Pour or pour argent ne pour avoir.
Thierry amenda moult forment,
Dont l'on se merveilloit durement [2];
Il lamendoit plus en ung mois
Qu'un autre ne féist en trois,
Pour sa mere qui en pensoit
4350 Et de son lait le nourrissoit
Souvent en la chambre son pere :
Il n'est mamelle que de mere,
Ainsi comme j'ay devant dit.
Or vueil-je laissier le dit
De Raimondin et de son fieulx,
Qui tant est beaux : sauve le Dieux !

[1] *Quoie*, douce, basse.
[2] *Durement*, beaucoup.

Cy commence la quinte Partie.

De Geuffroy au Grant-Dent diray,
Dieu scet bien se j'en mentiray;
Nennil, je ne l'ay pas aprins :
4360 Honte est d'estre à mençonge prins.
Geuffroy ne va point atargant [1],
Il s'en va par la mer nagant [2];
Par force de gens tant naga
Qu'il arrive, point n'atarga,
En Northombrelant, et prist terre
Où le geant faisoit la guerre;
Et quant Geuffroy fu descendu,
Les barons n'ont point attendu :
Tous les plus grans de la contrée

---

[1] *Atargant*, tardant.
[2] *Nager*, naviguer.

4370 Viennent à lui sans demourée;
Tant grans, moyens comme chetifz,
Vindrent à lui, grans et petis.
Lors d'un baron de grant affaire
Lui fu recordé [1] tout l'affaire
Du geant fier et merveilleux,
Horrible, fort et orgueilleux,
Et comment en une journée
Cent chevaliers de la contrée
Avoit occis et mis à mort :
4380 Tant estoit oultrageux et fort ;
Et si avoit-il du commun
Aussi bien occis mil que un,
Et sembloit fort que homme mortel
Péust achever ung fait tel.
Geuffroy respont : « C'est ung deable,
Ung ennemy espoentable ;
Mais non pourquant [2] se je le truis,
Par moy seul sera-il destruis.
Monstrez-moi où il repose :
4390 Venu ne suis pour autre chose
Que pour trouver ce soudoiant [3]
Qui ainsi vous va destruisant.

[1] *Recorder*, rapporter.
[2] *Non pourquant*, néanmoins.
[3] *Soudoiant*, scélérat.

Sachiés qu'il ara mal estraine,
Ainçois que passe la sepmaine.
Faites-moy baillier une guide
Qui jusques audit lieu me guide
Où le geant prent son repaire,
Et ne doubtez que je repaire [1]
Jusque que l'aray desconfit. »
4400 On fist ainsi qu'il avoit dit :
Une guide lui fu livrée,
Qui savoit toute la contrée
Et tous les lieux où demeuroit
Le geant et où repairoit,
Sa mansion [2] et sa demeure ;
On lui bailla la guide en l'eure,
Puis le commanderent à Dieu.
Geuffroy but, lors se part du lieu ;
Lui et sa guide cheminerent,
4410 Tant qu'un hault mont aviserent.
Chascun a le cheval brochié [3],
Tant que le mont sont approchié ;
Et quant ce vint à l'aprochier,
La guide voit soubz ung rochier
Le geant seant soubz ung arbre,

---

[1] *Repairer*, revenir.
[2] *Mansion*, habitation, *de manere*.
[3] *Brochier*, piquer de l'éperon.

Emprès ¹ une pierre de marbre :
Il s'esbahist, couleur lui mue,
De grant paour tremble et tressue.
Geuffroy le voit, si s'en soubzrist,
4420 Et puis en soubzriant lui dist
Que pour neant paour avoit,
Car soussier ne se devoit.
« Doubter Dieu ! ce dist la guide ;
Or paix ! il convient que je vuide ².
Pour tout l'or de tout le mont
N'aprocheroie de ce mont,
N'avecques vous ne demouroie ;
Plus cy demourer ne pourroie,
Puisque je voy, je vous creant ³,
4430 Grimault, le merveilleux tirant.
Geuffroy, il n'y a point de jeu ;
Amis, je vous commans à Dieu. »
Geuffroy s'en rist, puis dit lui a
Et par amour lui supplia
Qu'un bien petit là demourast
Et que la bataille esgardast,
Et qu'en bien pou d'eure sauroit

---

¹ *Emprès*, près de.
² *Vuider*, vider la place.
³ *Creanter*, assurer.

Qui du fait le meilleur auroit.
La guide respondy sans faille :
4440 « Ne me chault de vostre bataille,
Avec vous ne demourray point;
Je vous ay guidé bien à point.
Se vous gaingniés, n'y quier partir [1];
Je m'en vueil de vous departir. »
Moult doulcement s'en rist Geuffroy,
Et a dist : « Guide, entens à moy.
En ceste place demourras
Jusqu'à tant que veoir pourras
Comment le fait se portera
4450 Et qui le meilleur en aura ;
Et quant cela véu auras,
A mes gens t'en retourneras
Tantost et sans demeure faire,
Et leur compteras tout l'affaire,
Comment gouverné seray. »
La guide dist : « Et je feray,
Monseigneur, vo commandement.
Delivrez-vous appertement,
Car je ne suis mie asséur :
4460 En verité je ay tel peur
De ce vil diable Grimaut,

---

[1] *N'y quier partir*, je ne cherche point à y avoir part.

Qu'a pou que le cuer ne me faut [1];
Et se bien le congnéussiés,
A lui pas ne vous pressiés. »
Geuffroy respont : « Or ne te doubte,
Tantost le mettray mort sans doubte ;
Grimaut vers moy ne durera. »
Mais autre chose trouvera
Geuffroy, car Grimaut est trop fort :
4470 Dieu lui veuille donner confort !
Car moult ara à besoingnier,
Plus que n'ot oncques chevalier
Qui portast ne çainsist [2] espée.
Plus d'un millier de la contrée
Avoit Grimaut occis tout seul,
Dont les gens menoient tel dueil
Qu'en piece [3] ne seroit retrait :
C'estoit merveilles de son fait.

 Adont Geuffroy monte à cheval,
4480 Le mont empaint [4], laisse le val,
Où estoit sur la fontaine ;
Laisse le pré, laisse la plaine,
Laisse la guide, laisse la place :

---

[1] *Faut*, manque.
[2] *Çainsist*, ceignit.
[3] *En piece*, avec beaucoup de temps.
[4] *Empaint*, aborde

Ne vueille Dieu que mal lui face
Grimault, qui tant fait à doubter [1] !
Geuffroy prent le mont à monter.
Grimault le voit, moult se merveille
Q'un homme seul si s'appareille
De le venir illecques envahir,
4490 Et dist qu'il se doit bien haïr ;
Mais quant il ot pensé ung poy,
Il dist : « Ce vassault vient à moy,
Je croy, pour la paix traittier ;
Roidement monte le sentier :
Il est force qu'à lui je parle,
Car tel monte qui puis devale. »
Ung grant levier prent en sa main.
Ne sembloit pas que corps humain
Se péust du levier aidier ;
4500 Mais il paulmoioit [2] ce levier
Tout aussi que ung bastonnet
Seult faire ung petit garçonnet
De l'eage de vj ou de vij ans,
Et mieulx que je ne dy sept tans.
Afin que point ne nous haston,
Ce lui feust ung propre baston

[1] *Fait à doubter*, est à redouter.
[2] *Paulmoier*, manier.

Pour les quilles, selon la force.
Rien n'y voy à dire fors ce
Que le baston fu de nefflier;
4310 Si n'estoit pas doulz à ploier,
Et il fault que le baston plie
Aux jeux de quilles à la fie [1].
Quant en sa main le baston tint
Et vit Geuffroy qui vers lui vint,
En hault se prist à escrier :
« Comment me viens-tu deffier?
Qui es-tu? que vas-tu querant?
Jamais n'aras de mort garant [2]. »
Geuffroy tantost lui respondy :
4320 « Ribaut, je vous en escondy [3],
Car moy seul te desconfiray
Et la teste te couperay.
Deffens-toy, car jà y mourras,
Ne garantir ne t'en pourras. »
Quant Grimault l'ot, si prist à rire :
« Sauvez-moy la vie, beau sire,
Ce dist Grimault, je vous supplie;
Beau sire, sauvez-moy la vie;
Prenez les gens à raençon. »

[1] *A la fie*, quelquefois.
[2] *Garant*, qui garantit.
[3] *Escondire*, contredire.

4330 Geuffroy l'entent, si dist : « Garçon,
M'escharnis-tu ¹ ? Tu demourras
En ceste place et y mourras;
Ja à raencon ne te prendray,
Mais jusques aux dens te pourfendray. »
Là ot place moult grant et large.
Geuffroy lors embrace sa targe,
Par haïr ² la lance paulmie,
Le cheval point ³, ne se faint mie
Pour los et prouesce acquerir,
4340 De plain eslais ⁴ le va ferir
Emmy le pis soubz la mamelle;
Il lui donna tele hocquemelle ⁵,
Ne fust l'aubert lacié menu
Et la piece d'acier, venu
Feust Grimault à male aventure.
Non pourquant sur la terre dure
Tumba Grimault emmy ⁶ le mont,
Jambes levées contremont ⁷;
Et Grimault, à qui forment grieve,

---

¹ *Escharnir*, railler.
² *Par haïr*, avec force.
³ *Point*, pique.
⁴ *Eslais*, impétuosité.
⁵ *Hocquemelle*, coup.
⁶ *Emmy*, au milieu de.
⁷ *Contremont*, en l'air.

4550 Moult appertement se relieve,
Car grant douleur à son cuer sent.
Geuffroy le voit, si se descent,
Que son cheval ne lui tuast
Et soubz lui mort ne le ruast.
Grimault le geant plus n'atarde,
Il se lieve, Geuffroy regarde,
Trop plus petit de lui le voit,
Si s'esmerveille qu'il avoit
En si petit corps tel vertu;
4560 Si lui demande : « Qui es-tu,
Qui m'as baillié tele hocquemelle?
Onques mais je ne receus tele,
Car getté m'as jambes enverses.
Je ne sçay pas où tu converses [1]
Ne dont tu es ne qui tu ez;
Mais je doy bien estre huez,
Se je ne me venge de toy :
Si feray-je; mais dy-moy
Qui tu es, je le te requier,
4570 Ou tu n'es pas bon chevalier. »
Geuffroy respont au bacheler :
« Je ne vueil pas mon nom celer;
Geuffroy au Grant Dent sui nommez

[1] *Converser*, habiter.

Et en maints pays renommez,
Je sui Geuffroy, filz Mellusigne
De Lusignen la dame fine.
Oyl, je suis de Luzignen,
Et je le te monstreray bien. »
Quant ainsi ot parlé Geuffrois,
4580 Le geant dist : « Bien te congnois,
Moult ay oy parler de cy
Et de ta grant proesce aussi.
Tu occis mon cousin Guedon
En Guerrande ; le guerredon
En es cy endroit venu querre :
Or l'aras par force de guerre,
Car j'en prendray le vengement. »
— « Tel cuide dire voir¹ qu'il ment,
Ce dist Geuffroy, à mon cuidier ;
4590 Tel cuide sa honte vengier
Qui la croist, on l'a bien véu
En mains lieux et apparcéu. »
Le geant ne se pot tenir
Quant ainsi se voit escharnir,
Encontremont² le levier hauche,
Car il fiert à³ la main gauche ;

¹ *Voir*, vrai.
² *Encontremont*, en l'air.
³ *Fiert à*, frappe avec.

Geuffroy bien ferir en cuida.
Mais Geuffroy ung petit vuida,
Ung pou guenchi [1], le coup fuy,
4600 Il ne fu point aconsuy [2].
Le levier à terre descoche,
Ung grant trou fist dedens la roche;
Car rué fu si roidement
Que c'estoit esbahissement,
Et de tel roideur descendy
Que plain pié la roche fendy.
Lors Geuffroy trait l'espée toute,
Le geant fiert dessus le coute [3],
Si-très merveilleux coup lui baille
4610 Que du haubert ront mainte maille;
A bien pou qu'il ne l'affola.
Le sang vermeil aval coula,
Herbe d'entour rouge en devint.
Le geant lors à Geuffroy vint,
Le gros levier contremont lieve;
Pesant fu, mais pas ne lui grieve [4].
Geuffroy sur le chief ferir cuide;
Mais Geuffroy de la place vuide.

---

[1] *Guenchi*, alla à gauche.
[2] *Aconsuy*, atteint.
[3] *Coute*, coude.
[4] *Ne lui grieve*, ne le fatigue, ne lui donne de la peine.

LE LIVRE DE LUSIGNAN.

Le coup avale de grant serre[1],
4620 Bien trois piés l'embatty en terre,
Si fery sur ung rochier.
Ou geant n'ot que courouchier,
Du coup ot le bras estourdy,
Et le levier parmi fendy
Et rompy parmy le mylieu :
Dont Geuffroy rent graces à Dieu.
Lors Geuffroy le fiert de l'espée,
Toute sa force y a monstrée,
En hault le fiert en la cervelle.
4630 Le fier geant du coup chancelle,
Mais du coup point navré ne l'a;
Toutesvoies[2] fort chancela.
Le geant, à qui fort il grieve,
De dueil le point contremont lieve;
Geuffroy fiert sur le chief amont,
Du coup estonna Geuffroy moult.
Le point au geant enfla fort,
Car il avoit feru moult fort.
Geuffroy de l'espée le fiert,
4640 A qui combattre bien affiert;
Sur l'espaulle tel coup lui baille,

---

[1] *Serre*, force.
[2] *Toutesvoies*, toutefois.

Le haubert desront et desmaille.
Plaine paume l'espée y entre ;
Le sang lui coule aval le ventre,
Tout en rougist jusqu'auz talons.
Le geant de qui nous parlons
Ses dieux maudist, ses dieux renie,
Se là ne lui donnent aïe ¹ ;
Mahom, Apolin, Tervogant
4650 Et Jupiter va moult regretant :
Pour neant les regretera,
Car Geuffroy en la fin l'aura,
Non pas si tost ; mais ains qu'il cesse,
Encore en aura grant destresse.
Le geant voit venir Geuffroy,
Si ot de lui moult grant effroy ;
Mais à lui sault et si l'embrache,
Moult le detire et le desache ²,
Comme cellui qui maltalent esprent ;
4660 Et Geuffroy par les flans le prent.
Là seuffre chascun d'eulx grant paine,
A pou qu'ilz ne perdent l'alaine ;
Tant s'en vont hurtebillant ³
Qu'ilz s'entrevont mal habillant.

¹ *Aïe*, aide.
² *Desacher*, tirer, secouer.
³ *Hurtebiller*, houspiller, tirailler.

Ainsi comme ilz hurtebilloient
Et qu'ilz boutoient et tiroient,
L'un l'autre s'entre-eschapperent ;
Mais moult grans coups s'entredonnerent.
Geuffroy le fiert dessus la hanche
4670 D'un couteau qui bien tint ou manche,
Le jaseran[1] lui a faussé,
Le fer est tout oultre passé ;
Moult roidement le sang en sault[2].
Le geant arriere resault
En reculant parmy le mont,
Geuffroy le haste et le semont ;
Cil s'en fuit sans prendre congié,
En pou d'eure l'a esloingié[3] ;
En ung creux du rochier se boute,
4680 Car il a de Geuffroy grand doubte.

Geuffroy, ce voiant, dolent fu
Du geant qu'ainsi avoit perdu ;
Au cheval vint et sus remonte,
A la guide vint et lui conte
De mot à mot trestout le fait
Ainsi comme ilz avoient fait,
Et comment il s'en estoit fuis

---

[1] *Jaseran*, cotte de mailles.
[2] *Sault*, saute, jaillit.
[3] *Esloingier*, éloigner.

Ledit geant en ung pertuis
Et bouté dedens la vive roche.
4690 La guide lors de lui s'approche,
Qui moult se merveille forment
Comme Geuffroy a tel hardement [1];
Son heaume voit tout essillié [2]
Et son haubert tout desmaillié
Et despechié [3] en pluseurs lieux.
La guide dist : « Si m'aït Dieux,
J'apparçoy bien certainement
Qu'en Geuffroy a grand hardement. »
Es-vous venus foison de gens
4700 Du pays, moult nobles et gens;
Si tost comme le fait entendent,
Erramment [4] à Geuffroy demandent
Se son nom lui a demandé;
Et il leur a tout recordé,
Que Grimault lui demanda son nom,
Dont il est et de quel renom,
Et qu'il lui en dist le voir,
Ainsi qu'il le vouloit savoir.
Ung des barons alors dit : « Sire,

---

[1] *Hardement*, hardiesse, valeur.
[2] *Essillier*, gâter.
[3] *Despechier*, dépécer.
[4] *Erramment*, sur-le-champ, tout de suite.

4710 Or entendez que je vueil dire.
Certes, pour tout l'or du monde
Le fel geant, que Dieu confonde!
Envers vous ne retourneroit;
Bien scet que point n'eschapperoit
De voz mains, se le teniés,
Et qu'à mort vous le mettriés :
Ainsi lui est predestiné. »
Geuffroy dist, par la Trinité!
Que du pays ne partira
4720 Jusqu'à tant que trouvé l'aura.
« Sire, dist ung, ne vous doubtez;
Ce mont où Grimault s'est boutez,
Est trestout plain de faerie.
Le roy Elimas d'Albanie [1]
Fu là, par trois filles qu'il ot,
Enclos (depuis yssir n'en pot),
Pour ce que leur mere Presine
Avoit véu en sa gesine
Sur la defence que lui ot fait,
4730 Et il l'ala veoir de fait ;
Si lui avoit enconvenant [2]
Qu'il n'iroit alant ne venant

[1] *Albanie*, Écosse.
[2] *Enconvenant*, promis.

Vers elle tant qu'elle gerroit¹,
Ou enfin lui en mescherroit.
De trois filles fu acouchie
Presine, la dame jolie ;
Trois filles ot, en enfanta,
En chascune bel enfant a.
Mais Helimas avoit juré
4740 Et bien promis et conjuré
Que bien tenroit le convenant²
Qu'à Presine avoit convenant ;
Mais il failli, si en perdy
Presine, comme je vous dy,
Ainsi qu'après oyr pourrez
Et comme compter vous m'orrez :
Car ses trois filles l'enclouirent
Pour ce que leur mere perdirent,
En ce haut mont l'enfermerent.
4750 On ne scet quel part qu'ilz alerent ;
Mais Helimas depuis n'issy,
Là fu-il enfermé ainsy.
Mais en ce mont, je vous creant³,
A depuis esté ung geant

¹ *Gerroit*, serait en gésine, en couches.
² *Convenant*, promesse.
³ *Creanter*, assurer.

Garde du merveilleux celier,
Qu'omme n'en osast approchier;
Jusques à vostre venue
Ne fu là personne véue
Que le geant ne mist à mort :
4760 Tant estoit merveilleux et fort!
Et le pays a mis à meschief.
Le roy que nous tenons à chief
Ne nous a peu de lui defendre,
A Grimault nous a falu rendre.
Depuis qu'Elimas nostre roy
Fu là mis en tel conroy [1],
Grimault est le geant cinquiesme,
Ou le cinquiesme ou le sixiesme,
Dès ce qu'il là ot esté,
4770 Et en yver et en esté
Gastant le pays et la terre
Et faisant à tout homme guerre,
Jusques à la vostre venue,
Laquelle soit très-bien venue! »
Quant Geuffroy oy les nouvelles,
Dist qu'elles sont bonnes et belles,
Et fist ung moult grant serement
Devant eulx tous publiquement

---

[1] *Conroy*, état, équipage.

Qu'il demourra mort recreant ¹,
4780 Ou il desconfira le geant.
La nuit passa, le beau jour vint.
Devant des barons plus de vint
Geuffroy sur le destrier monta;
Le geant point ne redoubta,
Congié prent, puis monte le mont,
Grant paine ot à monter amont;
Tant prist le cheval à brochier ²
Qu'il est arrivez au rochier;
Tant a feru de l'esperon
4790 Et tourné illec environ,
Qu'il a le treu apparcéu
Et avisé et congnéu
Ouquel estoit entré Grimault.
Appertement du cheval sault,
A pié descent, dedens regarde;
Mais du veoir dedens n'a garde,
Goute n'y voit ne qu'en ung puis.
Dist Geuffroy : « Merveillier me puis
Par où cest geant est passez,
4800 Car il est gros et amassez,
Bien sçay qu'il entra cy ou là,

¹ Recreant, vaincu.
² Brochier, piquer de l'éperon.

De là non point par cy coula.
Veez cy le treu, sans point de doubte,
Où le cruel geant se boute,
C'est-il la chose toute apperte;
Car entour n'a point d'erbe verte,
Elle est batue de tous lez :
Comment y puet-il estre coulez?
Car plus est gros que je ne suy.
4810 Se Jhesu-Crist me gart d'ennuy,
Ne quoy qu'il me doie avenir,
Je ne me pourroie tenir
Que dedens ne l'alasse querre.
Il est entrez là dessoubz terre;
Mais là-dedens querir l'iray :
S'il y est, je le trouveray. »
La lance laisse aval couler,
Le fer devant la laisse aler;
Mais il la suivra de près.
4820 Les piés devant se boute après,
Sans paour s'avale [1] dedens,
Et serre la bouche et les dens;
Aval la lance devala
Tant que jusques au fons ala.
Quant fu au fons, la lance a prise;

---

[1] *S'avaler, devaler*, descendre.

D'un dur bois fu, qui point ne brise :
On ne vit onques meilleur fust [1];
Car brisié fust, se bon ne fust;
Mais moult fu bon, point ne brisa.
4830 Par le fer la lance pris a,
Devant va, plus n'a aresté,
Devant lui voit moult grant clarté.
Quant ung pou fu alé avant,
Toudis [2] met la lance devant,
En tastant adez jusques à ce
Qu'il arrive en une place
Où treuve une chambre moult belle ;
Se faite fust toute nouvelle,
Elle ne péust plus belle estre :
4840 Ouvrée à destre et à senestre,
En la roche fut entaillie ;
Mais n'y avoit qu'une saillie [3].
Belle fu et gente à devise [4].
Les richesces durement prise
Que dedens la chambre a véue :
Elle fu toute à or batue,

[1] *Fust*, bois.
[2] *Toudis*, toujours.
[3] *Saillie*, sortie.
[4] *A devise*, à souhait.

Plaine de riche pierrerie ;
Compassée ert par grant maistrie ¹.
Une tombe ou milieu avoit
4850 De la chambre, qui noble estoit ;
Et seoit la tombe sur six
Pilers de fin or, tous massis.
De fines pierres y ot moult,
Car aussi croissent-ilz ou mont ;
On ne puet trouver plus fines,
Ilz portent moult grans medicines ².
Ung roy ot par dessus armé
De Cassidoine, bien fourmé ;
Dessus la tombe estoit gisant
4860 En celle chambre reluisant ;
A ses piés une dame avoit
En estant ³, qui le regardoit.
D'albastre fu la dame noble ;
De là jusqu'en Constantinoble
Ne peust-on trouver la pareille.
Geuffroy le voit, si s'en merveille.
La dame tint ung grant tablel
En ses mains, qui estoit moult bel

---

¹ *Maistrie*, habileté.

² *Ilz portent moult grans medicines*, ils ont de très-grandes vertus médicales.

³ *En estant*, debout.

Et sembloit estre tout nouveau;
4870 Escript y ot en ce tableau :
« Cy gist Hélmas le noble roys,
Qui me perdy par ses desroys ¹,
De quoy fu puis moult esmarris.
Ce noble roy fu mes maris;
Convent m'ot ² ains qu'il m'espousast,
Que jamais jour tant qu'il durast,
Tant que de gesine gerroie,
N'enquerroit par quelque voie
De mon fait, ne ne me verroit,
4880 Ne devers moy point ne venroit,
Tant que seroie relevée.
Or avint que d'une ventrée
En cel an enfantay trois filles
Gracieuses et moult habilles.
Tant fist Helimas qu'il me vit
Ainsi que gisoie en mon lit :
Adont de lui m'esvanouy
Et me partis et m'enfuy,
Onques ne sçot quel part j'alay;
4890 Et mes trois filles enmenay,
Si les nourris tant que grandes furent.

¹ *Desroys*, erreurs, fautes.
² *Convent m'ot*, il convint avec moi, il me promit.

Moult amenderent et moult crurent;
De mon lait je les alaitay
Toutes trois, et puis leur comptay,
Quant quinze ans orent, la matere
Comment m'avoit perdu leur pere
En Avalon en faerie ¹.
La maisnée en fu moult courouciée,
Qui fu Mellusigne appellée;
4900 Ainsi estoit-elle nommée.
Ses deux seurs a mis à raison
En comptant toute l'achoison ²,
Et dis que moy, qui suis leur mere,
Me vouldroit vengier de leur pere.
Les trois suers furent d'accort
De getter sur leur pere ung sort,
Pour me vengier du grant meffait
Que par folie ot vers moy fait.
A ce toutes se consentirent;
4910 Cy dedens leur pere encloirent,
Helimas, qui leur pere estoit
Et qui menty sa foy m'avoit.
Quant il fu mort, je l'enterray
Soubz ceste tombe et enserray,

---

¹ *Faerie*, pays des fées.
² *Achoison*, affaire.

Et fis ceste tombe ainsi faire,
Ainsi figurer et pourtraire;
Dessus fis mettre ma semblance,
Afin qu'il feust en remembrance
A cil qui le tableau liroit;
4920 Car ceans homme n'entreroit,
Se yssus n'estoit de la lignie
En Avalon en faerie,
De mes trois filles, dont pourrez
Oyr parler quand vous vouldrez.
« Les geans à garder commis
Dès celle heure que cy le mis,
Que nulz n'entrast en ce passage,
S'il n'estoit yssus du lignage.
Or donnay-je dons à mes filles,
4930 Qui gentes furent et habilles;
A Mellusigne la maisnée,
Qui moult estoit sage et senée [1],
Ung don lui donnay à sa vie
De par l'ordre de faerie :
Tant que le siecle dureroit,
Le samedy serpent seroit;
Et qui la vouldroit espouser,
D'elle ne devroit adeser [2]

[1] *Sené*, sensé.
[2] *Adeser*, approcher.

Ce jour, mais se garder moult bien,
4940 Quel part qu'il fust, sur toute rien,
Qu'en tel estat ne la véist
Et qu'à nullui ne le déist;
Et qui celle ruille ¹ tenroit,
Mellusigne toudis vivroit
Ainsi comme femme mortele
Et pure femme naturele,
Puis mourroit naturelment,
Comme les autres proprement,
Que, quant ilz ont vescu le cours
4950 De nature, finent leurs jours.
Mellior, la fille moyenne ²,
Qui tant estoit belle crestienne,
Ung don donnay de faerie,
Que c'est raison que je vous die :
En ung chastel fort et massis ³
Qui en Armenie est assis,
Voire emmy la grant Armenie,
Je lui ordonnay qu'à sa vie
Tenroy leans ⁴ ung esprevier,
4960 Où il fauldroit trois nuis veillier

¹ *Ruille*, règle.
² *Moyenne*, entre les deux, seconde.
³ *Massis*, massif.
⁴ *Leans*, là.

Qui lui vouldroit demander don,
Et il l'auroit à son bandon ¹ ;
Le premier que demanderoit
Demandast-le, et il l'auroit,
Mais que le corps ne demandast
De Mellior ne desirast,
Que chevaliers n'y veilleroient
Qui de hault lieu venus seroient ;
Et qui les trois nuis dormiroit,
4970 Ou pou ou grant sommeilleroit,
Là demourroit à toujours mais
Avec Mellior ou palais
Comme prisonnier emprisonné.
Tel don lui avoie donné.
Palatine leur suer ainsnée
Estoit, ainsi fu appellée,
A laquelle je destinay
Un don tel que je vous diray :
Qu'en Coings, le mont très-hault,
4980 Ou à maint homme le cuer fault ²
Et seuffrent souvent grant misere,
Garderoit le tresor son pere
Et là seroit toute sa vie,

---

¹ *Bandon*, volonté, gré, disposition.
² *Fault*, manque.

Tant qu'aucun de nostre lignie
Par force venroit ou hault mont
Et monteroit tout hault amont
Et le tresor en getteroit,
Puis de cellui conquesteroit
La terre de promission.
4990 Or est le mont que dision
En Arragon assis pour voir :
C'est chose que l'en puet savoir.
Presine suis, mere aux trois filles,
Qui belles furent et habilles,
Desqueles ainsi me vengay
Par la maniere que dit ay,
Pour leur pere Helimas le roy,
Qu'ilz encloirent par desroy
Cy, dedens Avalon ou mont;
5000 Car, par foy! je l'amoie moult;
Combien qu'eust mespris vers moy,
Je l'amoie de bonne foy. »
 Ainsi aloit le brief disant ;
Et quant Geuffroy le va lisant,
Il s'en merveille durement ;
Mais il ne scet pas vraiement
Encor qu'il soit de ce lignage.
Adont Geuffroy au fier courage
Si serche par bas et par hault

5010 Où il pourra trouver Grimault ;
D'illec se part et oultre passe
Et tout ce pourpris-là[1] trespasse,
Qu'il trouvast Grimault moult lui tarde ;
Devant lui moult bel champ regarde,
Si apparçoit une tour quarrée,
Grande et grosse et fort barrée ;
La porte voit ouverte arriere,
Et deffermée[2] la barriere.
Parmi les huis Geuffroy se lance,
5020 Moult hardiement tenoit sa lance,
En une grant traille[3] regarde,
Mains prisonniers voit qu'on y garde ;
De lui se merveillent forment.
Ung d'eulz lui a dit erramment
Que tost d'illec se partisist,
Que le geant ne le véist ;
Ou se boutast en ung pertuis,
Ou du geant seroit destruis.
Geuffroy sousrist, puis lui demande,
5030 Qui ot au col la lance grande,
Où le geant trouver pourra :
A lui combatre se vouldra.

[1] *Pourpris*, enclos, enceinte.
[2] *Deffermé*, ouvert.
[3] *Traille*, treillis.

Li ung dist: « Tantost le verrez.
Bien croy que vous le comparez [1],
S'il vous voit; car il est trop fort.
Tantost vous aura mis à mort. »
Geuffroy lui dist: « Amy très-doulz,
Or n'ayés paour que de vous.
Je porteray tout seul le fait,
5040 Car tout seul l'ay empris [2] et fait. »
Le geant vint en ce moment,
S'apparçoit Geuffroy au Grant-Dent,
Bien scet qu'il est jugiés à mort;
Il s'en fust fuy bien et fort,
S'il éust bonnement péu.
Une chambre a apparcéu,
Dedens se lance, puis l'uis [3] tire.
Geuffroy le voit, moult fu plain d'ire,
Hurte à l'uis de cours escueillie [4],
5050 La coulombe a deschevillie [5],
Du pié fiert à tout le soler [6],
En la chambre fait l'uis voler;

---

[1] *Comparez*, payerez.

[2] *Empris*, entrepris.

[3] *Uis*, huis, porte, *ostium*.

[4] *De cours escueillie* ?

[5] *La coulombe a deschevillie*, il a déchevillé la colonne.

[6] *A tout le soler*, avec le soulier.

Si estoit l'uis moult fort barré,
Le geaut tint ung mail quarré,
Sur la teste Geuffroy en donne,
De ce coup-là trestout l'estonne.
Ne fust l'eaume qui fu fort,
Il éust Geuffroy tué tout mort;
Et non pourquant Geuffroy chancelle.
5060 Lors Geuffroy dist : « Je l'ay moult belle ;
Mais tantost je la te rendray.
De m'espée te pourfendray. »
Lors Geuffroy a trait l'espée,
Qui dure fu et bien trempée ;
D'estoc va ferir baudement [1]
Le geant, voire telement
Sur le pis [2] que jusqu'en la croix
Lui empaint l'espée Geuffrois
Et de part en part le perça.
5070 Le geant à terre versa,
Qui trestant avoit fait de maulx ;
Rien ne lui vault de fer li maulx [3],
Duquel mail tant de maulx fait a.
Ung moult merveilleux cry getta,
Toute la tour en retenty ;

[1] *Baudement*, résolument.
[2] *Pis*, poitrine.
[3] *Maulx*, mail, maillet.

Mort à la terre l'abatty.
Lors chiet le geant mort tout frois
Du coup que lui donna Geuffrois.
Geuffroy lors ressuie s'espée
5080 Et l'a ou fourreau reboutée;
Illec endroit plus ne se tint,
Aux prisonniers tantost s'en vint
Et moult doulcement leur demande
S'ilz sont nez de Northombrelande
Et quel chose meffait avoient,
Pourquoy illec prison tenoient.
L'un dist que c'estoit par tréu [1]
Qu'ilz eurent au geant déu,
Qui pas ne lui estoit paiés.
5090 Geuffroy respont : « Joyeux soiés,
Joyeusement vous demenez,
De son papier estes planez [2] :
Je l'ay occis et mis à mort,
Jamais ne vous puet faire tort;
Mort l'ay-je mis en verité,
Le tréu vous ay-je acquitté. »
Quant ceulx l'oirent, joieux en sont;
A Geuffroy prierent adont

---

[1] *Tréu*, tribut.
[2] *Planez*, effacés.

Qu'il les voulsist mettre dehors.
5100 Geuffroy dist : « Si feray-je lors. »
Cerche, quiert et partout va
Et fait tant que les clefs trouva.
Quant les ot, à eulx revint
Où ilz estoient plus de vint,
De vint ? voire, plus de deux cens ;
La treille defferme par sens
Où ilz estoient emprisonné,
A tous leur a congié donné.
De là yssent sans demourée ;
5110 Moult leur plaist et moult leur agrée
Estre delivré de si grant paine.
Geuffroy en la chambre les maine,
Voient le geant mort tout frois :
Chascun se seigne de Geuffrois
Et se merveillent durement
Comme en lui a tel hardement
D'assaillir tele creature
De si merveilleuse estature,
Le fier monstre, grant et crueux [1],
5120 Qui tant par estoit merveilleux.
Chascun se seigne, chascun dit
Oncques mais tel homme ne vit.

---

[1] *Crueux*, cruel.

Geuffroy leur dist : « Or escoutez.
Barons, je vous ay acquitez,
Au geant ne devez plus riens.
En ce donjon a moult de biens :
Barons, je les vous abandonne
Et franchement tous les vous donne,
Tout vous donne l'or et l'avoir :
5130 Prenez-le, riens ne vueil avoir,
Prenez quanqu'il a en ce lieu ;
Je vous vueil commander à Dieu,
Car cy ne vueil plus demourer :
Ailleurs vueil aler labourer [1],
Je ne vueil plus demourer cy. »
Ceulz distrent : « La vostre mercy ;
Mais dictes-nous par courtoisie,
Chascun de nous vous en supplie,
Par où vous estes cy venus.
5140 Par cy dedens oncques mais nulz
N'osa entrer, pour le geant
Que mort voions et recreant [2]. »
Lors Geuffroy leur va tout compter
Ce qu'avez oy racompter ;
Et quant tout a le fait comptez,

[1] *Labourer*, travailler.
[2] *Recreant*, vaincu.

Li ung dist : « Merveilles comptez.
Homs mais de la roche n'issy,
Fors le geant qui mort gist cy
Et ses ancesseurs ensement,
5150 Qui nous ont mis à grief torment
Et ont gasté tout le pays,
En grans et petis enhays [1];
Destruis ont quanqu'ilz ont trouvé,
Quatre cens, bien ert prouvé.
Or as nostre douleur finée
Et mis à fin l'œuvre faée.
Avecques vous retournerons,
Tant que voz gens trouvé arons. »

[1] *Enhays*, haïs.

𝕮este 𝕳istoire contient comment ceulx du pays de Northombrelant menerent le geant sur ung char pour le monstrer aux gens de la contrée, et est le lvj^e Chapitre de ce present Livre.

  Desir a de veoir son pere
5160 Et Mellusigne aussi, sa mere;
  Il ne va là plus atargant,
  Car treffort s'en va nagant.
  Tant a siglé ¹, tant a nagié,
  Qu'il est de Guerrande approchié.
  Le vent fu bon, il sigla fort,
  En bien peu d'eure vint à port;
  Et quant Geuffroy au port se sent,
  Tantost à la terre descent.
  Geuffroy à ung soir arriva;

¹ *Sigler*, cingler, faire voile.

5170 Tantost le peuple contre lui va,
Hommes et femmes, de tous lez ¹;
Les petis enfans, se voulez,
De Geuffroy grand feste menoient,
Les grans barons le festioient.
Raymon son pere vint à lui :
A Geuffroy moult en abelli ².
Geuffroy salue doulcement,
Et Geuffroy l'embrace erramment ³,
Car onques mais ne fu plus aise ;
5180 Le nez et la bouche lui baise.
En une chambre s'en entrerent,
Où de maintes choses parlerent ;
Là lui compta Geuffroy maint compte,
Et Raimon tout le fait lui compte
Comment ot sa mere perdue.
De fin dueil Geuffroy tressue ⁴ ;
Bien voit que c'est par son pechié
Qu'il a son pere couroucié,
Par les moines qu'avoit destruis
5190 Et tous en feu ars et bruis,
Dont il y avoit plus de vint.

¹ *Lez*, côtés.
² *Abellir*, être agréable.
³ *Erramment*, sur-le-champ.
⁴ *Tressuer*, suer.

Adont du tablel lui souvint
Qu'ou mont d'Avalon avoit veu
Et de mot à mot léu
Sur la tombe au roy Helimas,
Qui toute estoit faite à compas ¹ :
Or sçot que Mellusigne estoit
Fille du roy qui là gisoit,
Et qu'Elimas, le bon roy, pere
5200 Fu de Mellusigne sa mere.

Sur ce fait pensa longuement;
Et quant il congnoist clerement
Comment Raimondin, le sien pere,
Pour le quens de Forestz, son frere,
Vers Mellusigne avoit fait faulte,
Geuffroy parla de voix moult haulte
Et ung grant serement jura
Que briefment il le destruira.
A tant d'illec Geuffroy se part,
5210 Son frere emmaine celle part
Avecques ses dix chevaliers
Fors et habilles et legiers;
Les dix en valoient bien vint.
Or vous diray-je qu'il avint.
Geuffroy tant forment chevaucé,

¹ *A compas*, avec compas, artistement.

Tant cheminé et exploité,
Tant avalé et tant monté,
Qu'il est venu en la conté
De Forest où le conte estoit,
5220 Qui en ung chastel se tenoit.
Geuffroy celle part s'achemine :
Le conte ara tost male estrine [1].
Il entre ou fort appertement,
Dedens se mist soudainement,
De nul ne fu apparceu ;
De ire fu Geuffroy esmeu,
Il ne sonne mot ne ne parle.
Lors descent devant la grant sale,
Les degrez monte contremont ;
5230 Son oncle, le conte Fromont,
Trouva ou mylieu de ses gens,
Qui estoient nobles et gens
Et moult sages et moult senez.
Mais aussi comme ung forsenez
Trait l'espée, si lui escrie :
« Traïtre, cy lairez la vie.
Par vous ay ma mere perdue. »
Le conte l'ot, le sang lui mue,
Sa mort voit, s'en fu en effroy

[1] *Estrine*, étrenne.

5240 Et forment redoubte Geuffroy,
Et si scet bien que c'est par lui
Que Geuffroy a au cuer ennuy;
De là s'en fuy en grant freour ¹,
Onques mais n'ot si grant paour;
En la tour entre de randon ²,
Ouvert treuve l'uis à bandon ³,
Les degrez monte quanqu'il puet.
Mais il ne fait pas ce qu'il veult;
Car Geuffroy est monté après,
5250 Qui le suit et chasse de près.
Il le suit fort et asprement,
Chascun s'en fuit appertement.
Là n'ot le conte de sa gent
Homme, tant fust ne bel ne gent,
Qui d'illec ne s'en alast
Et les degrez ne devalast.
Chascun au mieux qu'il puet se sauve,
Crient Geuffroy la vie sauve
Et s'en fuient par le pourpris,
5260 Moult doulteux qu'ilz ne soient pris;
Et Geuffroy suit de près le conte,
Jure qu'il mourra à grant honte.

¹ *Freour*, frayeur.
² *De randon*, impétueusement.
³ *Ouvert à bandon*, tout grand ouvert.

Le conte monte vistement
Tant que plus puet isnellement,
Monte jusques au plus hault estage.
Geuffroy jure que pour lignage
Ne le laira qu'il ne l'occie
Et qu'il ne lui tole la vie,
Quant sa mere a par lui perdue.
5270 Le conte de paour tressue;
Et quant il voit, à brief parler,
Qu'il ne puet plus avant aler,
Par une fenestre sailli
Sur le toit : le pié lui failli,
Il glissa de dessus le toit;
Voire de si hault qu'il estoit,
Sur le rochier aval chéy :
Tout ensement lui meschéy [1].
Mort fu à douleur et à honte
5280 Adonques de Forest le conte :
Helas ! ce fu par sa foleur [2].
Ses gens en mainent grant doleur.
Geuffroy fait enterrer le corps,
Puis fist crier à cry et à cors
Que trestous ceulx de la contrée

[1] *Meschéy*, arriva malheur.
[2] *Foleur*, folie.

Tantost feissent de la contée
A Raimon, son frere, hommage,
Du pays et de l'eritage;
Et tout ainsi que Geuffroy dist,
5290 Chascun l'accorda et le fist.
Geuffroy ne veult plus sejourner,
Vers Luzignen veult retourner,
Et se part en brief termine ¹;
Envers Luzignen s'achemine,
Où son pere dolent estoit,
Qui moult forment se dementoit
Pour ce qu'il avoit jà scéu,
Dont moult avoit douleur éu,
Comment son frere fu destruis.
5300 Raimon dist : « Grant dueil avoir puis,
Quant j'ay perdu ma mouillier ² :
Or voy mon lignage exillier
Par mon pechié et par mon vice.
Se Jhesucrist m'ame garisse ³,
De ce monde me vueil oster;
Jamais n'y quier riens conquester.
Mes pechiés confesser iray,

---

¹ *Termine*, terme.
² *Mouillier*, femme, *mulier*.
³ *Garir*, garantir, sauver.

De bon cuer les regehiray [1]
Au saint apostole [2] de Romme,
5310 Que Lion on appelle et nomme ;
Puis après, se Dieu me sequeure,
Vouldray eslire ma demeure
En reclusage [3], en recelée [4],
En aucune estrange contrée
Où congnéus ne seray mie,
Et là vouldray user ma vie
En oroison devotement
Pour acquerir mon sauvement [5]. »
Ensement Raimon se plaingnoit,
5320 En pleurs et en plaings [6] se baingnoit.
Estes-vous Geuffroy descendu ;
Il n'ot pas gramment attendu,
Au perron descent tout à point.
Illecques ne demoura point,
Ou chastel vint, trouva son pere ;
Mais il ne trouva pas sa mere.
Lors crie à son pere mercy [7],

---

[1] *Regehir*, avouer, déclarer.
[2] *Apostole*, apôtre, pape.
[3] *Reclusage*, réclusion.
[4] *Recelée*, cachette, lieu caché.
[5] *Sauvement*, salut.
[6] *Plaing*, plainte.
[7] *Mercy*, miséricorde.

Qui moult avoit le cuer noircy,
De cuer contrict et repentant
5330 De ce qu'avoit fait de maulx tant;
A genoulx mercy leur crioit.
Raimon de ses yeulx lermioit,
Si dist-il : « Jà penser n'y fault.
Bien sçay que par bas ne par hault
Ne puis votre mere recouvrer.
Je ne saroie tant ouvrer;
Aux morts ne puis rendre la vie.
Faites refaire l'abbaïe
Et le beau lieu qu'avez destruis,
5340 Et cent moines dedens bruis
Par vostre merveilleux ouvrage
Et par foleur et par oultrage [1]. »
Jeuffroy respont : « Je le feray
Et l'abbaye refaire feray,
S'il plaist à Dieu, dedens brief temps,
Dont il se tenra pour contens.
Plus belle sera, je me vant,
Qu'elle n'estoit par devant. »
Ce dist Raimon : « Or y parra,
5350 Ce que fait arez on verra;
Je vous en lairay convenir :

[1] *Oultrage*, excès.

A bon chief ¹ en puissiés venir !
Aler m'en vueil en ung voiage,
En ung loingtain pelerinage,
Que j'ay pieça ² à Dieu promis ;
Je y ay cuer et courage mis.
Je vous lais mon pays en garde,
Je ne vueil qu'autre en ait la garde.
Gardez vostre frere le maisné ³.
5360 Partenay lui ay ordonné ;
Le noble chasteau de Vauvent,
Chastel-Aiglon avec Mervent
Tenra en sa subgection,
En paix, sans contradiction,
Jusques par dedens la Rochelle :
Ainsi le voult ma mouillier belle,
Mellusigne, quant s'en ala ;
Car de lui grandement parla.
Le pays ait à justicier ⁴ :
5370 Je l'en fais mon propre heritier.
Encor sera grant terrien ⁵. »
Geuffroy respont : « Je le vueil bien,

¹ *Chief*, fin.
² *Pieça*, il y a longtemps.
³ *Maisné*, puîné, cadet.
⁴ *Justicier*, gouverner.
⁵ *Terrien*, propriétaire foncier.

Vostre plaisir toudis feray.
Thierry mon frere garderay;
De ce ne fault point demander,
Puisqu'il vous plaist à commander. »
　　Raimon son voiage apresta ;
Quant il fu prest, ne s'arresta,
Du vin prent et de la viande,
5380　Toute sa gent à Dieu commande.
Chascun au departir souspire,
Car ilz ont pitié de leur sire.
Congié prent par amour fine.
Raimon se part et s'achemine,
Geuffroy et Thierry ensement
Le convoient ¹ longuement.
En alant, leur compta Geuffrois
Comment Helmas le bon roys
Fu trouvé dedens le rochier,
5390　Dont nul ne povoit approchier,
Tant éust force ou vasselage ²,
S'il ne fust yssu du lignage,
Et comment en tombe fu encor
Dessus les grans colombes ³ d'or.

¹ *Convoier*, accompagner.
² *Vasselage*, valeur.
³ *Colombe*, colonne.

De Presine dist autretant [1]
Comment fu pourtraite en estant [2]
Aux piés de la tombe Helmas,
D'alebastre faite à compas,
Et du tablel qu'elle tenoit
5400 Et dont trestout cela venoit,
Comme dessus avez oy :
Dont Raimon moult se resjoy;
Et que sa mere fille fu
Du roy que là avoit véu,
Et de Presine la courtoise,
Qui deux piés ot oultre une toise
Et plus encores en son estant [3].
Et puis si leur ala comptant
Tous les dons que donna Presine
5410 A Mellior, à Mellusigne,
A Palestine la senée [4],
Qui des trois filles fu l'aisnée;
Et aussi comment on enferma
Helmas, que trestant ama
Presine cy-dessus escripte.
Quant Jeuffroy ot la chose dicte,

[1] *Autretant*, aussi, également.
[2] *En estant*, debout.
[3] *En son estant*, quand elle était debout.
[4] *Sené*, sensé.

Raimon moult s'en esjoy
Et voulentiers Geuffroy oy.
Ses deux fils le convoierent,
5420 Avec lui moult cheminerent.
Quant assez orent cheminé
Et Raimon fu acheminé,
Au soir, quant ilz furent logié,
Ses filz prennent de lui congié.
De Maillezès qu'avoit brivé
Maçons de toute parts y viennent;
Bien sont payés, contens s'en tiennent.
Refaite fu en ung esté
Plus belle qu'onques n'ot esté.
5430 Ceulx qui de lui parler ouoient,
En eulx moquant de lui disoient :
« Dont est ce preudomme venus ?
Renart est moine devenus.
Jamais ne cuidasse ce tour :
Le loup est devenu pastour. »

Je diray de Raimon le pere,
Qui à Romme vint au saint pere ;
Dit lui a sa confession
Jusques en la conclusion,
5440 Onques riens ne lui cela.
Le saint pere se merveilla
Des merveilles que lui raconte.

Pourquoy feray-je long conte?
Du fait lui donna penitance.
Raimon la prist à grant plaisance,
Dist qu'il la fera voulentiers
Ains que jamais entre en Poitiers;
Au saint pere dist en appert
Qu'aler s'en veult en ung desert
5450 Et là endroit user sa vie
Pour Mellusigne, qui s'amie,
Femme et espouse avoit esté
Et maint yver et maint esté,
Que par son fait avoit perdue
Et serpente estoit devenue;
Dist que jamais ne l'oubliera,
Ne qu'ou pays ne entrera
Ne n'entrera jour de sa vie
Où il perdy sa doulce amie :
5460 Il ne la pourroit oublier;
Mais à Dieu vouldra supplier
Que ses maulx lui vueille alegier
Et sa penitance abregier.
Le pape, qui ot nom Lion,
Dist : « Où est vostre devotion
D'aler vostre penitance faire?»
Raimon respont le debonnaire :
« A Monsareth vueil demourer

Et Dieu servir et honnorer ;
5470 Hermite vueil là devenir :
Je ne me pourray ailleurs tenir,
Car il y a moult beau sejour,
Si comme on m'a dit en ce jour ;
Il y a moult devote place. »
— « Alez-y dont, et à Dieu place [1]
Que faciés vostre sauvement! »
Ilz se baisent au congié prendre,
Au matin partent sans attendre.
Raimon leur pere va sa voie,
5480 Il n'y a nul qui ne lermoie :
Pleurent les filz, pleurent le pere,
Chascun est en grant misere.
Raimon s'en va, Geuffroy retourne,
Et Thierry là plus ne sejourne ;
Ilz s'en retournent, c'est la somme,
Et leur pere s'en va à Romme.
 Ainsi se departent les trois.
A Luzignen s'en va Geuffrois,
Et Thierry va à Partenay ;
5490 Jeune fu et jolis et gay,
Hardy fu, fier et emprenant [2],

---

[1] *Place*, plaise, *placeat*.
[2] *Emprenant*, entreprenant.

Aux dames doulz et avenant,
Grant fu et moult fourny de corps,
Point n'en estoit de plus beau lors ;
C'estoit ung moult beau chevalier,
Fort et appert, preux et legier,
Et de toutes gens fu redoubtez ;
Il ne fu onques reboutez ¹
En son vivant, ce dist-on, d'omme ;
5500 De lui parloit-on jusqu'à Romme.
Ce fu ungs homs de grant courage,
Moult fort guerrieur, soubtil et sage ;
Redoubté fu de moult de gens ;
Et, feust par force ou par sens,
Chascun à lui obeissoit
En ses marches, fust tort, fust droit.
En Bretaigne se maria
Et une grant dame affia ²
Qui estoit de moult hault lignage,
5510 En elle prist grant heritage.
Thierry tenoit moult grant pays
Et si n'estoit d'ame hays.
De cellui est yssu pour vray
La lignie de Partenay,

¹ *Reboutez*, vaincu.
² *Affier*, fiancer.

Ainsi que raconte l'istoire,
Qui regne haultement encore :
Dieu vueille que tel hoir en saille
Que la lignie jà ne faille
Tant que ce monde cy define !
5520 Aussi avoit dit Mellusigne
Que la lignie moult dureroit
Et que de moult beaux fais seroit :
Aussi ont-ilz fait de beaux fais
En plusieurs lieux, dont je me tais :
A raconter seroit trop long.
Et Geuffroy fait mander adont
Maçons de tous lez sans attendre,
Ne lui chault qu'il doie despendre [1];
Car restorer veult l'abbaye...
5530 Ce dist le pape doulcement.
Raimon se part en brief termine,
Tant fort chevauce et chemine
Que dedens Thoulouse arriva.
Moult grant peuple contre lui va.
Congié donna à sa mesgnie [2],
Chascun grandement satiffie [3] ;
Ung chapellain o lui amaine

[1] *Despendre*, dépenser.
[2] *Mesgnie*, maison, suite.
[3] *Satiffier*, satisfaire, contenter.

Et ung varlet pour son demaine [1],
Plus n'en amaine, plus n'en prent :
5540 Lors à Dieu commande sa gent ;
Robes d'ermites leur fist faire,
En Arragon prent son repaire,
A Montsaret, plus n'attendy ;
Hermite leans se rendy
Proprement ou tiers hermitage
De la grant montaigne sauvage,
Avec lui son clerc et son prestre ;
En l'ermitage prist son estre.
Là fu en grant affliction
5550 Longtemps et en devotion,
Le monde du tout relenqui [2]
Et moult devotement vesqui
Raimon jusqu'à ce qu'il moru ;
Mais trois jours avant s'apparu
Entour Luzignen la serpente,
Où avoit renoncié sa rente :
De quoy à plusieurs gens souvint,
Voire, ce croy-je, à plus de vint,
Qu'à Mellusigne dire oïrent,
5560 Le jour que d'eulx partir la virent,

[1] *Demaine*, service.
[2] *Relinquir*, laisser, abandonner, *relinquere*.

Que quant le chasteau changeroit
Seigneur, devant s'apparoistroit
Trois jours devant le fort chasteau
De Luzignen, qui tant est beau :
Dont pluseurs dient par revel [1]
Que tost aront seigneur nouvel.

Geuffroy fu seigneur du chastel,
Où avoit moult de chatel [2];
Ou pays fu conte et seigneur,
5570 Et la seignorie et l'onneur [3]
Paisiblement et en paix tint.
Es-vous [4] de Thoulouse revint
Le bernage [5] qu'avec lui mena
Raimondin, quant à Romme ala,
Et qui avec lui orent esté.
A Geuffroy ont le fait compté
Et toute la verité dicte,
Comment son pere estoit hermite
Et comment d'eulx se departy
5580 Et comme du sien leur ot party [6].

[1] *Revel*, joie.
[2] *Chatel*, richesses. Anc. prov. *captal*, *capdal*; esp. *caudal*.
[3] *Onneur*, domaine.
[4] *Es-vous*, voici que.
[5] *Bernage*, barons.
[6] *Partir*, partager, départir.

Geuffroy l'entent, son frere mande
Et le pays lui recommande.
De là se part à pou [1] de gens
Geuffroy li courtois et li gens,
Plus ne demeure là endroit,
Haste d'accomplir son fait avoit.
N'est mestier que plus en racompte,
Car je feroie trop long compte.
Au pape vint et se confesse,
5590 Après qu'il ot oy la messe;
Devotement il se confessa,
De ses pechiés riens ne laissa,
Moult fu dolens et repentans
Des maulx dont il fu consentans
Et qu'avoit fait en sa juennesce,
De cuer contrict tous les confesse;
Et au plus proprement qu'il pot,
Le pape doulcement l'absolt,
Quant lui ot compté son affaire;
5600 L'abbaye lui charge à refaire
De Maillezès sans atargier:
Tels penance [2] lui voult chargier;
Des moines jusques à six vins,

---

[1] *A pou*, avec peu.
[2] *Penance*, pénitence.

Et si rentez que pain ne vins
Ne leur faille yver ne esté
Par quelconque neccessité,
Et que l'abbaye soit refaite
Qu'il avoit detruite et defaite.
Geuffroy respont : « Je le feray
5610 Et l'eglise appareilleray
Mieulx c'onques ne fu certainement :
Elle en a bon commencement ;
Car l'eglise que fis destruire,
Ains que partisse fis restruire
Et charpenter et maçonner.
Ha ! vouldray-je beaux dons donner
Et remettre en estat deu,
Plus bel c'onques ne fu veu. »
— « C'est très-bien dit, dist le saint pere,
5620 Et pour l'ame de vostre frere,
Que vous ardistes et bruistes
Quant l'eglise vous destruisistes ;
Mais se de vostre pere enquerez,
A Montsareth le trouverez,
Qui jà est devers nous venus :
Là est hermite devenus,
Où il maine moult sainte vie. »
Geuffroy l'entent, des yeulx lermie.
Adont du pape congié prent,

5630 Vers Montsareth sa voie emprent.
Fort chevauça et chemina,
Car jusques là grant chemin a;
Mais tant fist qu'il arrive au mont.
Amont monta, trouva Raimont,
Son pere, qui l'a tost oy.
Quant vit son filz, s'en resjoy,
Faire le voult[1] de là partir.
Geuffroy ne s'en voult departir,
Ains dist qu'il y demourroit
5640 Tant qu'en ce siecle dureroit,
Et qu'il lui quittoit[2] l'eritage
Et de tous ses barons l'ommage.
Geuffroy fu là iiij. ou v. jours.
Son pere ne pot par nulz tours
Tourner que là ne demourast
Et que là sa vie ne usast;
Et quant Geuffroy entent l'affaire,
A Lusignen il s'en repaire.
Quant de son pere ot prins congié,
5650 Illecques n'a plus atargié :
Les barons mande appertement,
Qui vindrent à son mandement

[1] *Voult*, voulut.
[2] *Quitter*, tenir quitte de quelque chose.

Si tost comme ses mos oïrent;
A Geuffroy tous hommage firent
Et le retindrent pour seigneur
A grant joie et à grant honneur.
 Adoncques Maillezès refist,
L'abbaie que au devant deffist;
Six vins moines y restably
5660 Et le lieu forment ennobly.
Là deprient Dieu nuit et jour
Les moines pour lui sans sejour [1],
Pour Mellusigne et pour Raimont
Et pour le lignage tout,
Et ilz ont moult grant achoison [2].
Puis y fist Geuffroy des biens foison;
Son pere depuis visita
Et grandement s'en acquita.
Raimon vesqui longuement;
5670 Et quant vint au definement [3],
Ainsi qu'il convient l'ame rendre
Autant le grant comme le mendre,
Raimon l'ame à Dieu rendy.
 Adont Geuffroy plus n'attendy;

---

[1] *Sejour*, repos, interruption.
[2] *Achoison*, motif, occasion.
[3] *Definement*, fin, mort.

Quant sçot que son pere fu mors,
A Montsareth il s'en va lors;
Son pere fait ensevelir
Et de bonnes herbes cueillir
Et enterrer en l'abbaye
5680 De Montsareth, je n'en doubt mie.
Celle place moult augmenta
Et moult grandement la renta;
Et fu cellui, je vous dy bien,
Qui oncques y fist plus de bien :
C'est chose que on puet bien savoir.
Geuffroy en fist bien son devoir.
Quant ce fu fait, il s'en retourne;
A Montsareth plus ne sejourne,
Illecques plus ne sejourna,
5690 A Luzignen s'en retourna.
Thierry fu moult bon chevalier,
Preudomme et moult grant justicier,
Et regna depuis puissemment
A Partenay et longuement.
Moult fist en son temps de beaux fais
Et tint tout son pays en paix.
Oedes, son frere, regna
A la Marche, que bien gouverna,
Et fist en son temps moult de biens.
5700 En Cipre regna Uriens

Et guerroia les Zarrasins,
Qui estoient près ses voisins;
Moult en mist à destruction
Et en fist grant occision,
A ceulz de Rodes moult valu.
Guy, qui roy d'Armenie fu,
Moult noblement maintint sa terre.
Ses hoirs firent puis mainte guerre
Sur les Zarrasins mescreans,
5710 Tant que les firent recreans;
N'iert Zarrasin qui ne les craigne.
Et Regnault, le roy de Behaigne [1],
Son vivant regna puissemment;
Et puis ses hoirs semblablement
Après lui puissemment regnerent
Et bien leur pays gouvernerent.
Anthoine, duc de Luchembourt,
Mainte ville prist et maint bourc;
Et ceulx qui de lui descendirent
5720 En leurs temps de beaux fais firent,
Tant les grans comme les menus.
Et Raimon fu moult chier tenus
En Forest, le conte nobille [2];

[1] *Behaigne*, Bohème.
[2] *Nobille*, noble.

Car il estoit gent et habille.
Moult conquistrent de regions
Et de moult grans possessions
Les freres, et puis tout leur hoir
Se firent en maint lieu valoir;
Et tous les freres bien se porterent
5730 Et moult de pays conquesterent,
Fors Orribles, qui fu destruis,
Et Froimondin, qui fu bruis,
Combien que bien se feust porté,
S'onques destruit n'éust esté.
Tous ces dessus-dis d'eulz yssirent,
Et leur cry et leurs armes prirent;
Et encores les Ciprien
Ont toudis crié *Luzignen*,
Et adez ce cry crieront
5740 Tant qu'en ce siecle dureront.
Moult furent chevaliers vaillans,
Entreprenans et assaillans.
D'eulx descendy le noble conte,
Dont on tient encores grant conte,
De Pavebourc en Engleterre,
Qui tient grant pays et grant terre.
En Arragon ceulx de Cabriere
Furent de la lignie premiere
Et de ses freres descendirent,

5750 Car d'eulx vindrent et d'eulx yssirent.
Des hoirs de Helmas d'Albanie
Est yssue celle lignie,
Car Mellusigne les porta
Et tous en bien les enhorta [1],
Et Fromont qui leur frere fu,
Qui à Maillezès bruis fu.
Encores y est ensevelis
Geuffroy, le chevalier gentils ;
Là gist Geuffroy et là repose :
5760 Je l'ay véu, bien dire l'ose,
Pourtrait en une tombe en pierre ;
Dessoubz celle fu mis en terre.
De Geuffroy à tant me tairay,
Du roy d'Armenie diray.

[1] *Enhorter*, exhorter.

𝕮y commence la vj⁰ partie de ce livre, lequel parle des deux suers Mellusigne, et premierement d'un chastel de faerie en Armenie; et est le lxvj⁰ chapitre de ce present livre.

Ung chastel ot en Armenie,
Qui jadis fu fait par faerie,
En la grant Armenie voire,
Si comme racompte l'istoire,
Nommé chasteau de l'Esprevier,
5770 Où il convient trois nuis veillier
Sans sommeillier et sans dormir;
Et qui ce pourra acomplir
Demande ung don, et il l'aura
Tel comme il le demandera,
Se le corps ne demande point
De la dame qui leans maint [1];
Mais s'il sommeille aucunement,

[1] *Maint*, demeure, *manet.*

Là demourra finablement
Avec la dame du pourpris ¹,
5780 Où tant a de los et de pris,
Qui Melior fu appellée,
Fille de Presine la faée.
En Armenie et lors ung roys,
Bel chevalier, longs et drois ;
De juennesce fu en chaleur
Et estoit de moult grant valeur.
Lors dist qu'il voult aler veillier
Au fort chastel de l'Esprevier,
Car on lui avoit de nouvel
5790 Compté le fait de ce chastel,
Et comment veillier y failloit
Qui le don conquester vouldroit.
Lors dist que bien y veillera
Et puis ung don demandera :
Si fera-il ; mais en la fin
S'en repentira de cuer fin.
Errant fist son erre ² aprester,
De là se part sans arrester,
Et dist que là veillier yroit
5800 Et le hault don conquesteroit ;
Et s'il veoit la dame belle,

¹ *Pourpris*, enceinte, endroit.
² *Erre*, voyage.

Il ne vouloit autre don qu'elle.
Mais pour neant à ce pensa,
De folie se pourpensa ¹ ;
Car la dame n'ara-il mie
Pour espouse ne pour amie.
Que vous feroie plus long compte ?
Le chevalier au curre ² monte ;
Tant se haste de chevaucier
5810 Qu'au chastel vint de l'Esprevier
Une nuit de la Saint-Jehan :
Au corps en aura grant hahan ³.
Son pavillon n'oublia mie,
Tendre le fait en la praerie.
Tout armé se part de ses gens.
Le chevalier nobles et gens,
A la porte vint du chasteau ;
En sa main tint ung polestieau ⁴,
Dont l'esprevier vouldra repaistre.
5820 Adont voit du chastel naistre
Ung homme tout de blanc vestu,
Qui moult sembloit estre testu ;
Ou visage avoit pou de sang

---

¹ *Se pourpenser*, s'imaginer, penser.
² *Curre* (?)
³ *Hahan*, peine.
⁴ *Polestieau*, petit poulet.

Et si estoit tout vestu de blanc,
Mais bien paroit à son visage
Qu'il estoit d'assez grant eage.
Lors lui demande qu'il queroit.
Le roy respont qu'il demandoit
La coustume du noble lieu.
5830 Cilz respont : « Venez, de par Dieu !
Je vous menray grant aléure
Où vous trouverez l'aventure. »
Il va devant le roy, après
Ilz montent amont les degrez,
De la sale viennent amont ;
Mais le roy se merveille moult
De la noblesce que là treuve,
Grandement la loe et preuve.
L'esprevier à la perche voit,
5840 Qui bel et gent et grant estoit.
Le preudomme errant lui a dit :
» Roy, or m'entendez ung petit.
Veillier vous fault sans sommeillier,
Trois jours, trois nuis, cel esprevier ;
Et se ce faire ne povez,
A tousjours mais cy demourez ;
Et se le terme vous veilliés
Et que point vous ne sommeilliés,
La chose que vous demanderez

5850 Sachiés de voir que vous l'arez,
Voire des choses terriennes
Et non pas des celestiennes,
Excepté le corps seulement
De la dame certainement :
Cela ne pourriés-vous avoir
Ne pour argent ne pour avoir. »
Le roy dist que bien veillera
Et que point ne sommeillera
Et si paistra l'esprevier.
5860 Adont le roy prist à veillier
En disant qu'il s'avisera
Savoir quel don demandera
Quant les trois nuis aura veillié ;
Mais il sera mal conseillié,
Car il demandera tel don
Dont il aura mal guerredon [1].
A ce mot le preudoms se part.
Le roy remest [2], qui son regart
Moult ententivement mettoit
5870 A la noblesce qu'il veoit ;
Le jour veilla-il et toute nuit
En plaisance et en grant deduit [3],

---

[1] *Guerredon*, récompense.
[2] *Remest*, resta.
[3] *Deduit*, plaisir, divertissement.

Il ne dormy ne sommeilla,
Moult curieusement ¹ veilla
Et l'esprevier sagement put,
Il le repaist au mieulx qu'il peut.
Vins, viandes voit à foison,
Qui là furent en garnison ²;
Sa refection en a prise
5880 Et hault et bas à sa devise ³.
Lendemain veilla toute jour
Et toute la nuit sans sejour;
Au matin l'esprevier repaist,
Car moult lui haite ⁴ et lui plaist.
Ung huis voit tout arriere ouvert,
Il entra dedens en appert.
Là treuve si grant noblesce
Qu'onques mais ne vit tel richesce:
Là avoit-il maint oysillon
5890 Paint à couleur de vermeillon,
Et si estoit celle chambre encor
Painte et pourtraite de fin or,
Et là tout entour les parois
Furent chevaliers figurez,

---

¹ *Curieusement*, soigneusement.
² *Garnison*, provision.
³ *Devise*, volonté, gré.
⁴ *Haiter*, être agréable.

Et trestous leurs armes portoient
Ceux qui là figurez estoient.
Par dessus furent leurs noms escrips,
Et disoit ainsi li escrips :
« En tel an tel icy veilla ;
5900 Mais il dormy et sommeilla :
Leans l'a falu demourer
Pour nous servir et honnourer,
Dont ne partira vraiement
De cy jusques au Jugement. »
Trois autres lieux en la chambre ot ;
En chascun percevoir on pot
Ung blason et ung escript tel
Dessoubz, et disoit l'escript tel :
« En ce chastel-cy fu véu
5910 En tele année, qui son déu
Fist bien de pleinement veillier
Nostre esprevier sans sommeillier ;
Son don emporta par prudence
Et par sa bonne diligence. »
Ainsi la chambre painte estoit
Du pié du mur jusques au toit,
Qui devisoit [1] les nations
Et les estranges regions

[1] *Deviser*, représenter.

Dont furent les hommes vaillans
5950 Qui point n'alerent sommeillant,
Mais puissemment leans veillierent,
Et les dons qu'ilz emporterent.
Le roy se musa ¹ tant fort
Es noblesces de ce beau fort,
Qu'a bien pou qu'il ne sommeilla;
Mais non fist, car tousjours veilla.
Tantost se prent à aviser
Qu'il pourroit bien là trop muser,
De la chambre yst ² appertement,
5920 Celle nuit veilla vaillemment.
A lui au matinet s'appert ³
La dame vestue de vert;
De vert gay fu, c'estoit raison:
Aussi le devoit la saison,
Car c'estoit au plus fort d'esté
Que là ot veillié et esté.
Le roy doulcement la salue,
Qui moult liez fu de sa venue.
Celle lui dist moult doulcement:
5940 « Acquittez estes vaillemment.
Regardez quel don vous vouldrez,

¹ *Se muser*, s'amuser.
² *Yst*, sort.
³ *S'appert*, apparaît.

Jà desdire ne le m'orrez,
Ung don seulement excepté,
Qui jà vous a esté compté.
Demandez à vostre plaisance. »
— « Grant mercy, doulce dame france,
Dist le roy. Certes, fin cuer doulz,
Je ne vueil que le corps de vous. »
Quant elle l'oit, moult lui anoie [1] ;
5950 Son don appertement lui noie [2],
Et dist : « Musart, point ne l'arez ;
Ung autre don demanderez.
Mon corps ne povez-vous avoir
Ne pour argent ne pour avoir. »
Cil dist : « Je ne vueil autre don
Que vostre corps en guerredon ;
Je vous promet, si je ne l'ay,
Autre don ne demanderay. »
La dame fu moult aïrée [3]
5960 Et respondy sans demourée :
« Certes, se plus le demandez,
Mon corps et vostre don perdrez,
Et vous en venra tel meschief

---

[1] *Anoier*, fâcher, ennuyer.
[2] *Noier*, refuser.
[3] *Aïrée*, fâchée.

Dont ne venrez jamais à chief [1] ;
Car du royaume que tenez
Et qu'à present vous gouvernez,
Desheritez voz hoirs seront
Et desconfis le laisseront. »
Cil respont, soit sens ou folie :
5970 « Je vous vueil avoir à amie ;
Car puis que vous me devez ung don,
Je ne vueil autre guerredon. »
— « Musart, tu y fauldras, dist-elle ;
Tu as perdue ta querele ;
Autre don tu ne porteras,
Fors que adez [2] meschance [3] auras.
Ta cautelle [4] t'a decéu,
Qui t'a de foleur [5] esméu.
Ton devancier par sa folie,
5980 En perdy sa dame et amie,
Par sa foleur, par son oultrage [6],
Pour ce qu'il crut son courage,
Mellusigne, qu'il espousa

---

[1] *A chief*, à bout.
[2] *Adez*, toujours.
[3] *Meschance*, malheur.
[4] *Cautelle*, précaution, ruse.
[5] *Foleur*, folie.
[6] *Oultrage*, témérité.

Et l'annel ou doy lui posa,
Qui l'avoit fait si grand seigneur
Qu'il n'estoit point de greigneur [1].
Le roy Guy, dont es descendu,
Fu mes nieps [2] : l'as-tu entendu ?
Trois suers sommes, je ne mens pas,
5990 Qui pour le pechié du roy Helmas,
Nostre pere, que nous encloismes
Ou rochier et là le méismes,
Pour le serement qu'ot faulsé
A nostre mere et trespassé [3],
Qui appellé estoit Presine :
Point ne devoit en sa gesine
Aucunement la regarder,
Et il ne s'en voult pas garder;
Il la vit, ainsi que je dy,
6000 Et pour ce elle et nous trois perdy;
Et quant enclos dedens l'éusmes
Au rochier le mieulx que péusmes,
Nostre mere fu moult yrée,
Si me fist par envie faée
Pour garder icy l'esprevier
Et sans jamais de cy bougier;

[1] *Greigneur*, plus grand.
[2] *Nieps*, neveu.
[3] *Trespasser*, enfreindre.

LE LIVRE DE LUSIGNAN. 275

Mais le pourpris m'abandonna :
Ce fu le don que me donna ;
Et puis donna à Mellusigne,
6010 Ma suer, qui fu belle meschine [1],
Ung don, qui tousjours mais seroit
Tant qu'en ce siecle dureroit,
Serpente le jour de samedy :
Il est ainsi que je le dy ;
Mais Raimon lui menty sa foy,
Si la perdy par son desroy,
Car veoir ne la devoit point
Le samedy en cellui point.
Il la vit : dont il fist folie ;
6020 Il en perdy sa compaignie,
Dont il estoit plus escréu [2]
Qu'omme qu'onques fust véu.
Lui et sa lignie decheurent,
N'onques depuis ce jour n'acreurent.
Adonques prist à decheoir,
Encor le puet-on bien veoir.
Palestine, ma suer ainsnée,
A Encoings est enterrée
En Arragon, en ung hault mont ;

[1] *Meschine*, jeune fille.
[2] *Escréu*, accru, élevé.

6030 Tant comme durera li mond,
De ce hault mont ne bougera,
Mais le tresor gardera
Du roy Helmas nostre pere :
Ainsi l'ordonna nostre mere ;
Mais homme ne le conquesteroit,
Qui du lignage ne venroit.
« Or scez-tu dont tu es descendu,
Se tu as mes mos entendu ;
Ne te déusses esmouvoir
6040 De mon corps à mouillier avoir.
Pour ce que ne t'en veulz tenir,
Te pourra grant mal avenir,
Et toy et toute ta lignie
Decherrez, je n'en doubt mie ;
Car ceulx qui après toy venront
Et ton royaume maintendront,
Perdront le regne et la terre
En la fin par force de guerre ;
Et cil qui derrain [1] le laira,
6050 D'une beste le nom aura,
Qui des autres sera dit le roy :
Il sera ainsi, de ce me croy ;
En la fin on le saura bien,

[1] *Derrain*, dernier.

Car de ce je ne mens de rien.
Se ce ne fust ton fol courage,
Ta grant foleur et ton oultrage,
Tu éusses eue beneiçon ¹;
Or en auras-tu maleiçon ².
Pars-toy de cy, ou tu auras
6060 Tel chose que bien sentiras. »
Le roy l'entent, happer la cuide;
Mais elle de devant lui vuide,
De sa veue se esvanuy :
Assez aura honte et ennuy.
Tantost fu happé par les manches;
On fiert sur costez et sur hanches,
Sur jambes, sur bras et sur teste,
Arrivez est à dure feste,
Car point ne voit qui le loppine ⁵;
6070 Mais bien sent les coups sur l'eschine,
Tant que le cuir est tout noircy :
« Helas ! dist-il, pour Dieu mercy !
Or me laissiés, ou je sui mors. »
Adonques le bouterent hors.
Le roy s'en fuit, n'arreste point,

---

¹ *Beneiçon*, bénédiction.
² *Maleiçon*, malédiction.
⁵ *Lopiner*, houspiller.

Qui avoit esté si bien oingt
Qu'il n'y failloit ne pan ne manche.
Le roy de cheminer s'avance,
De s'en partir fu diligent,
6080 En la prée trouva sa gent.
Lors lui demandent qu'il a fait,
Car ilz ne savoient riens du fait,
Et com il avoit exploitié ¹,
Et s'il avoit leans veillié
Sans dormir et sans sommeillier
Devant le gentil esprevier.
Le roy respont sans mesprenture ² :
« Oyl, à ma male aventure. »
Deslogier les fait erramment,
6090 Vistement et appertement;
A la mer sont erramment venu
En chevauçant fort et menu.
Le roy si monte en une barge ³,
Lui et ses gens, et plus n'atarge;
Le roy si se fist desarmer.
Grant fortune orent en la mer;
Non obstant si fort nagierent ⁴

---

¹ *Exploitier*, réussir.
² *Mesprenture*, mensonge.
³ *Barge*, barque.
⁴ *Nagier*, naviguer.

Qu'en brief temps au port arriverent,
Au port de Erus en Armenie.
6100 Le roy issy de sa navie [1],
Longuement voult depuis regner;
Mais adez [2] prist à decliner.
Maintes fois maudit depuis le jour
Quant en Mellior ot mis s'amour.
Bien sçot que c'estoit par sa desserte [3]
Que tout son pays se deserte,
Exilliés le voit et diminuez;
Et quant du siecle fu finez,
Ung roy après lui regna
6110 Qui pis la moitié gouverna.
Ensement jusques au ixe hoir
Ont perdu pays et avoir,
Et leur est venu mescheance.
Je vis le roy venir en France
Que d'Ermenie l'en chassa,
En France vint et trespassa;
Le roy le soustint longuement,
Et puis moru finablement
A Paris, et fu, ce me semble,

---

[1] *Navie*, flotte; angl. *navy*.

[2] *Adez*, toujours.

[3] *Desserte*, ce qu'on mérite, punition.

6120 Où moult de gens je vy ensemble,
Aux Celestins mis en la terre.
De son fait ne vueil enquerre;
Mais les gens du chevalier franc
Furent adont vestus de blanc,
Qu'en France on seult[1] vestir le noir :
Ce n'est pas bourde, il est tout voir;
C'est une chose si commune
Qu'aussi c. personnes comme une
Cela clerement apparceurent,
6130 Se à l'enterrement de lui furent :
De quoy moult de gens s'esbahirent,
Pour ce qu'onques mais ce ne virent.
Pourquoy le fist, je ne le sçay.
A tant la matiere lairay
De ce chastel de l'Esprevier;
Orendroit vouldray commencier
A parler de la damoiselle
Palestine, qui tant est belle.

[1] *Seult*, a coutume.

De Palestine, la suer Mellusigne.
lxxj°. chapitre.

Je vueil parler de Palestine,
6140 La doulce, courtoise meschine,
Qu'en Coings est enserrée
Dedens Arragon la contrée,
Où garde le tresor son pere
Au commandement de sa mere;
Et qui conquester le pourroit,
La Terre sainte en conquerroit;
Mais jamais ne la conquerra,
Qui de la lignie ne venra.
De Palestine ung pou diray;
6150 Mais en brief je m'en passeray,
Car la cronique en brief passe.
Plus déisse, se plus trouvasse.
J'en dy que selon que je treuve,
De nouvel riens n'en contreuve.
Je revenray à Palestine,

Que la voult destiner Presine
En la montaigne dessus dicte,
Où maint cruel serpent habite.
Ou ne pourroit ou mont aler
6160 Qu'on ne trouvast à qui parler.
Maints chevaliers y ont esté
Et en yver et en esté;
Mais onques homs n'en retourna,
S'en ce mont gueres sejourna,
Qui ne fust mort et destruis,
Ainsi comme en escript je truis.
Moult y a eu de chevaliers,
Fors, appers et moult legiers;
Pour le grant tresor conquerir;
6170 Mais riens n'y porent acquerir,
Ains de poure heure y alerent¹,
Car onques puis ne retournerent.
Ung en y ala d'Engleterre,
Qui savoit assez de la guerre,
Bon chevalier, preux et vaillant,
Qui onques ne fu defaillant
Qu'il ne féist quanque² doit faire

¹ *Ains de poure heure y alerent,* mais ils furent mal inspirés en y allant.
² *Quanque,* tout ce que.

Chevalier doulz et debonnaire;
Car d'enfance l'avoit apris,
6180 Avecques chevaliers de pris,
En la court du bon roy Artus,
Où chevaliers ot de grans vertus;
Car il estoit de la lignie
Tristran, qui tant ot seignorie,
Et s'avoit environ trente ans,
De ce je ne sui point mentans.
Si oy du grant tresor parler:
Lors dist qu'il y vouloit aler
Et que par force tant feroit
6190 Que le tresor conquesteroit,
Puis yroit en la region
De la Terre de Promission
Et conquesteroit la contrée,
Ce dist-il, à force de l'espée.
 Bon chevalier fu et hardy.
Il se part ung jour de mardy,
Vers Arragon s'achemina,
Q'un petit page ne mena.
Tant chemine, à pou de jargon[1],
6200 Qu'arrivez est en Arragon.
 Le mont demande, et on lui monstre;

[1] *A pou de jargon*, en peu de mots.

Mais il avoit dedens ung monstre,
Merveilleux, fier et orgueilleux,
Et sur tous autres perilleux :
Comme ung tonnel ot la pance grosse
Et ne se mouvoit d'une fosse ;
Tant fu grant, que c'estoit merveille,
Ce monstre, et n'avoit q'une oreille.
Point de narilles¹ n'ot en teste
6210 Celle très merveilleuse beste,
Et si n'avoit q'un œil ou fronc,
Qui bien avoit trois piés de lonc.
S'alaine² par l'oreille yssoit,
Dont tout le mont retentissoit,
Touteffois qu'estoit endormy
Ce mauffé et cel ennemy³,
Quant il ronfloit ne pou ne grant.
En la fosse ert, je vous creant,
Où la droite demeure estoit
6220 De Palestine, qui gardoit
Le tresor de Helmas, son pere,
Par le commandement de sa mere.
En celle fosse avoit ung huis

---

¹ *Narilles*, narines.
² *S'alaine*, son haleine.
³ *Mauffé*, *ennemy*, noms qu'on donnait aux démons.

De fer, à l'entrée d'un pertuis,
Où le tresor est enfermé,
Qui onques ne fú deffermé ;
Car le monstre ot de l'uis la garde.
D'entrer par là nulz homs n'a garde,
S'il n'est yssus de ce lignage
6230 Qu'ay devant dit en mon langaige ;
Car Presine ainsi l'ordonna,
Quant aux filles les dons donna.
La fosse estoit emmy le mont,
Où de gens avoit pery moult ;
Mais au dessoubz avoit assez
Et de caves et de fossez
Pleins de serpens moult perilleux,
Et d'autres lieux moult merveilleux,
Dont il failloit passer par là ;
6240 Mais onques homme n'y ala,
Qui point y voulsist sejourner,
Qu'on en véist jà retourner.
Il n'y ot q'une sentelette [1],
Qui estoit petite et estroite ;
S'avoit trois lieues de montée,
Qu'il convenoit sans reposée
Monter, car on ne péust veoir

---

[1] *Sentelette*, petit sentier.

Ung lieu où l'en se péust seoir.
De tous costez ne le véist,
6250 Qui sur serpens ne se séist :
Il en y ot si grant plenté [1]
Que c'estoit une infinité ;
Car le lieu fu inhabitable
Pour la paour de ce deable,
De ce monstre que vous ay dit :
Ainsi le treuvé-je en escript.
　Or revenray au chevalier
Qui vient monté sur ung destrier.
Tout seul chevauce son voiage,
6260 Fors seulement que de son page.
Le bon chevalier sans reproche
De Cencoings forment s'approche ;
Ung homme trouva en la voie,
Qui jusques au mont le convoie [2]
Ainsi qu'à demie-lieue près.
Lors dist : « Je ne iray plus près,
Sire : veez cy la montaigne.
Je n'en vueil perte ne gaigne.
Alez-vous-en, franc chevalier. »
6270 Adont lui monstra le sentier

[1] *Plenté*, abondance.
[2] *Convoier*, accompagner.

Par où monter le convenra,
Duquel jamais ne revenra;
Car onques homme n'en revint,
S'en y a éu plus de vint.
Le bon homme plus ne sejourne,
De là se part et s'en retourne.
Le chevalier s'avance moult,
Tant chevauce qu'il vient au mont.
Quant au mont vient, le coursier baille
6280 Au varlet et descent sans faille [1],
Et lui commande qu'il l'attende
Et du cheval point ne descende
Jusques à tant qu'il revenra;
Mais pour neant il l'attendra :
Bien puet laissier son cheval paistre,
Jamais ne revenra son maistre.
Le chevalier part de ce lieu,
Si se saigne [2] et commande à Dieu;
Il entre dedens la sentelle,
6290 Onques mais ne trouva tele.
Bien armé fu le chevalier,
En sa main tint le brant d'acier;
Sur le mont va roide et menu.

[1] *Faille*, faute.
[2] *Saigner*, signer.

Es-vous ung grant serpent venu,
Au chevalier vient courir seure,
Devourer le cuida en l'eure,
Gueule bée ¹ vers lui s'avance.
Le coutel qui bien tint ou manche
Brandist le chevalier vaillant
6300 Et le serpent va assaillant,
Vistement de lui s'approucha,
D'un seul coup le col lui trencha.
Le serpent chéy mort adont,
Si avoit bien x. piés de lont.

Quant vit que le serpent fu mors,
Le mont emprent à monter lors
Vistement aussi que le cours ².
Es-vous à lui venu ung ours,
Qui le vient tantost assaillir;
6310 Mais il ne lui voult point faillir.
Vers lui s'en vient de randonnée ³
Et a du fourrel traite l'espée,
Comme bon chevalier et hardis,
Et ne fu point acouardis ⁴;
Mais l'ours sur l'escu l'agrippa

¹ *Bée*, béante.
² *Cours*, course.
³ *De randonnée*, avec rapidité.
⁴ *Acouardis*, devenu couard.

Et sur l'espaulle le happa,
La maille desront et descire
Et l'escu jus à terre tire :
Bien lui ot l'espée besoing ¹.
6320 L'ours va ferir dessus le groing,
Qui si fort l'avoit agrippé,
Que tout le groing lui a coupé
Plus de plain pié, je le recorde ².
Or n'a plus garde qu'il le morde,
Car trenchié l'a jusques aux yeulx ;
Et si estoit li ours moult vieulx.
L'ours a dont la chiere mate ³ ;
Mais non pourquant haulçe la pate.
Happer cuida le chevalier ;
6330 Mais il fu apper et legier,
S'a fait un sault à estravers ⁴
A l'ours, qui fu vieulx et divers ⁵ ;
Arriere-main ⁶ a de s'espée
A l'ours une pate coupée.
L'ours se lieve sur les deux piés

---

¹ *Lui ot besoing*, lui fut nécessaire, utile.
² *Recorder*, rapporter.
³ *Mate*, triste.
⁴ *A estravers*, en travers.
⁵ *Divers*, méchant, féroce.
⁶ *Arriere-main*, terme d'escrime.

Derriere, qui ne furent pas liez,
Et du chevalier tant s'approche
Que de l'autre pate l'accroche;
Toutes ses armes lui desront [1].
6340 Eulx deux chéirent en ung mont [2];
Mais l'ours si ne le povoit mordre.
Le chevalier prend à s'estordre;
Une dague ot de bonne forge,
A l'ours en donne parmy la gorge
Si que grandement le bleça.
L'ours adonques sa prise laissa;
Et quant ot sa prise laissiée,
Le chevalier, par grant hachiée [3],
D'aventure d'un coup d'espée
6350 Lui a l'autre pate coupée.
Lors getta ung merveilleux cry,
Et le chevalier sans detry [4]
Le va ferir parmy le ventre;
Jusqu'en la croix l'espée y entre.
L'ours adonques chiet mort à terre.
Le bon chevalier d'Engleterre

[1] *Desront*, rompt, brise.

[2] *Mont*, tas, monceau; *chéirent en ung mont*, tombèrent l'un sur l'autre.

[3] *Hachiée*, souffrance.

[4] *Detry*, retard.

S'espée adonques ressuia,
Et puis le mont amont puia [1].
Là fist moult grant destruction
6360 De serpens et d'occision,
Et des bestes que là occist;
Quanqu'en vint il les desconfist.
Combien qu'il souffry paine moult,
Tant ala qu'il monta amont
Par force et qu'il passa tout oultre
Et vint à la fosse où le monstre
Estoit, qui l'uis de fer gardoit
Où le tresor qu'avoir cui doit
Estoit enclos par faerie,
6370 Qu'il cuide avoir; mais c'est folie,
Car il vint en l'eure male.
En la fosse tantost devale,
Et au plus tost qu'il a péu.
Lors l'a le monstre apparcéu
De son œil, qui trois piés avoit
De tour : adonques quant il le voit,
Espris de merveilleux courage,
Comme beste plaine de rage,
Vers le bon chevalier s'avance
6380 Le monstre à tout [2] sa grosse pance.

[1] *Puier*, monter, gravir.
[2] *A tout*, avec.

Le chevalier le voit venir :
Adonques ne se pot tenir
Qu'il n'alast vers lui toutesvoie [1],
Quelque chose qu'avenir doie.
S'espée a du fourrel tirée,
Au monstre donne grant colée [2],
Car l'espée estoit belle et bonne ;
Mais riens ne vault le coup qu'il donne,
Car le monstre ne puet bleschier
6390 De fer ne de fust ne d'acier.
Le monstre aux dens a pris l'espée,
En deux moitiés l'a tronchonnée ;
S'estoit celle toute d'achier.
Onques ne lui pot esrachier [3].
Bien trempée estoit et moult dure,
Riens ne vault la trempéure [4] :
Du chevalier à gueule baée
Ne fait que une seule goulée [5];
Tout à ung mors l'a transglouty [6],

---

[1] *Toutesvoie*, toujours ; esp. *todavia.*
[2] *Colée*, coup.
[3] *Esrachier*, arracher.
[4] *Trempéure*, trempe.
[5] *Goulée*, bouchée.
[6] *Tout à ung mors l'a transglouty*, il l'a avalé tout entier d'un seul morceau.

6400 De cela n'ay-je point menty.
Le chevalier tantost engoulle;
Mais il n'y parut en sa goule
Ne q'un [1] pasté fait en ung four.
Ainsi moru à grant dolour.
Ce fu dommage vraiement :
En lui avoit grant hardement,
Moult avoit fait de beaux fais;
Mais il n'en fera plus jamais.
Le bon chevalier d'Engleterre,
6410 Qui le tresor cuidoit conquerre,
Le chevalier tant honnouré
Fu du monstre ainsi devouré :
Ce fu douleur et grant dommage,
Car en lui ot grant vassellage [2].
Ainsi le chevalier moru,
Que homme ne le secouru;
Ne si hault que lui ne monta
Homme : dont en lui moult pris a;
Si doit estre ramentéus
6420 Et ne doit point estre téus,
Car homme, si comme dit l'istoire,
Ne monta, dont il fist memoire,

[1] *Mais... ne q'un*, pas plus qu'un.
[2] *Vassellage*, valeur.
[3] *Ramentéus*, rappelé.

Si hault ou merveilleux rochier,
Comme fist ce bon chevalier.
Deux jours son page sejourna
Au pié du mont, puis retourna
En Engleterre, où l'aventure
Conta à mainte creature,
Qui escripre en firent l'istoire
6430 Afin qu'adez¹ en fust memoire.
En ce sçot-il par ung devin,
Qui fu jadis clerc de Merlin
Et près d'ilecques demouroit.
Tout le monde à lui couroit;
De quelconque necessité
Il en disoit la verité,
Et savoit tout entierement,
Comme s'il y fust proprement²,
Ce qu'avenoit en la montaigne.
6440 Ce devin estoit nez d'Espaigne
Et fu à l'escole de Tholette³,
Si comme tesmoingne la lettre,
Voire des ans plus de vint.
Onques homme vers lui ne vint
A qui la verité ne comptast

¹ *Adez*, toujours.
² *Proprement*, en personne.
³ *Tholette*, Tolède.

De tout ce que on lui demandast;
Et pour ce ala vers lui le page,
Qui moult estoit subtil et sage,
Et sçot par lui la verité
6450 De ce que je vous ay compté.
   Or en fu-il ung de Hongrie,
Qui estoit de noble lignie,
Lequel voult le tresor conquerir;
Mais onques n'y pot avenir.
Jusques en la montaigne vint,
Le mont puia dix pas ou vint;
Mais là n'ot gueres demouré
Que de serpens fu devouré,
Et ne monta gueres amont.
6460 D'autres en y a éu moult
Qui devourez y ont esté
Et en yver et en esté.
Homme le tresor ne conquerra,
Qui du lignage ne venra
De Helmas, le roy d'Albanie,
Et proprement de sa lignie.
Douleur fu que le chevalier
D'Engleterre, preux et legier,
N'avoit esté de son lignage.
6470 Si estoit-il de hault parage,
De la lignie Tristran estrait,

Ainsi que l'istoire retrait[1];
Mais le tresor eust conquesté,
Se du lignage éust esté;
Car il fu moult chevalereux,
Autant ou presque les ix Preux.

Or avint-il en ce temps-là
Qu'un messagier passa par là
Où estoit Geuffroy au Grant-Dent
6480 En moult joieux esbatement,
En son chastel de Lusignen,
Dont pareil ne verrez de l'an,
Avecques dames et damoiselles,
Gentes, gracieuses et belles,
Où s'esbatoit en ung vergier.
Ès-vous venu ung messagier;
A Geuffroy vint, si le salue.
Geuffroy lui fait la bienvenue.
Car gentil est le message
6490 Et si avoit moult bel langaige.
Geuffroy demande des nouvelles
Devant dames et damoiselles,
Et cil le fait lui a compté
Ainsi que je l'ay racompté;
Tout le fait lui voulut retraire

Retraire, rapporter.

Et où le fier monstre repaire,
Qui tan, par a destruit de gens,
Fors et appers, nobles et gens,
Et comment le tresor gardoit
6500 D'Elmas, qui tant riche estoit
Que tresor si riche ne fu.
Geuffroy moult se merveilla du
Monstre de quoy il ot parler,
Et dist qu'il y vouldra aler
Et le monstre destruira
Et le tresor conquestera.
Adonques fist sans arrester
Ses gens vistement approcher,
Et Thierry son frere manda,
6510 Et puis lui dist et commanda
Que tout le pays gouvernast
Jusques à tant qu'il retournast ;
Car Geuffroy au hardy courage
Onques n'entra en mariage,
N'onques ne se voult marier,
Pour certain, ne femme affier [1].
A son frere la terre baille,
Dist qu'il ira, comment qu'il aille,
Appertement, sans arrester ;

[1] *Affier*, fiancer.

6320 Ce riche tresor conquester ;
Mais quant le chemin deust aprendre,
Maladie l'ala prendre,
Car il estoit jà ancians,
Trop plus que nulz qui fust leans.
Au lit se est couchié malade
Le bon chevalier fort et rade [1],
Qui tant avoit fait de beaux fais,
Dont il ne lievera jamais.
Helas ! il éust le tresor
6330 Conquis, s'il eust vescu encor,
Et la Terre de Promission,
Qui tant est sainte region ;
Mais mort, qui fort et foible enserre,
A Geuffroy au Grant-Dent print guerre ;
Guerre lui fist, voire mortele,
Où desconfis fu, car contre elle
N'a homme force ne puissance,
Tant soit fort ne de grant puissance.
Autant du foible que du fort,
6540 Nul n'a povoir contre la mort,
Soit prince, duc, conte ou roy.
De son dart va ferir Geuffroy,
Tout droit le va ferir au cuer,

[1] *Rade*, roide, vigoureux.

De quoy ce fu moult grant douleur ;
Car en Poitou eust fait assez
De biens, ains que l'an fust passez,
Eglises faites et fondées,
Qui jà estoient devisées,
Et les rentes toutes assises
6550 Pour fonder ces nobles eglises.
Helas, dolent! or remaindront¹
Ne jamais faites ne seront :
Dont c'est pitié et grant douleur,
S'il pleust à nostre Createur.
　　Geuffroy s'est malade acouchiés
Et fort se sent de mal techiés²,
Prendre ne puet vin ne viande,
Aprestement le prestre mande.
Le prestre vint, il se confesse,
6560 Devant lui fist dire une messe ;
Puis ordonna son testament,
Ouquel il voult especialment,
Quant il ot devisé tous ses lès,
Qu'enterré fust à Maillezès,
Où il avoit moult beau repaire,
Car de nouvel l'ot fait refaire.

¹ *Remaindront*, resteront.
² *Techiés*, entaché.

Aussi comme il l'avoit destruite,
Fu par lui refaite et restruite [1]
De Maillezès la noble église :
6570 Là gist, là est sa tombe mise,
Je l'ay véue de mes yeulx.
Son testament fist tout au mieulx
Qu'il pot ; mais tout quanqu'il laissa
Fist paier, et puis trespassa.
Tout fu paié en sa presence.

Saint Pierre, saint Pol, saint Andrieu,
Tous apostres amis de Dieu,
Par courtoisie
N'oubliez mie celle lignie,
6580 Dont grant noblesce est saillie [2]
Et en mainte terre espartie [3] ;
Car en maint lieu
Ont-ilz conquis maint noble fieu [4]
Par leur noble chevalerie.

Saint Estienne et saint Vincent,
Saint Lorens et saint Clement
Et saint Denis,
Qui tous estes de Dieu amis,

---

[1] *Restruit*, reconstruit.
[2] *Saillir*, sortir.
[3] *Espartir*, répandre.
[4] *Fieu*, fief.

Vos corps avez offers et mis
6590 A grief torment;
Et tous martirs semblablement,
Qui regnez pardurablement [1]
En paradis
Pour vos beaux fais et beaux dis [2],
Faites que nous soions compris
Finablement
Où regne le Pere et le Filz,
Ou ciel, et le Sains-Esperis,
Et sera pardurablement.
6600 Saint Sevestre, saint Augustin,
Saint Martin,
Saint Mor et saint Severin,
Saint Nicolas,
Et tous confesseurs par compas [3],
Je vous supplie, n'oubliez pas
Ceux dont j'ay traitié, et moi las [4];
Mès hors des las [5]
Nous gettez du fel [6] ennemy

---

[1] *Pardurablement*, éternellement.
[2] *Dis*, paroles, discours.
[3] *Par compas*, régulièrement.
[4] *Las*, malheureux.
[5] *Las*, lacs, filets.
[6] *Fel*, félon.

Qui vient à tierce,[1] et midy
6610 Et plus souvent que je ne dy,
Pour nous mettre du hault au bas.
Faites-nous avoir le soulas[2]
Du ciel apres ce monde-cy.

Sainte Marie Magdaleine,
Je vous requier à haulte aleine
De pensée pure et fine,
Sainte Agnès, sainte Katerine,
Qu'il vous plaise prendre la paine
De prier Dieu qu'il nous maine
6620 Là sus en la joie divine.

Vous, amis de Dieu, sains et saintes,
Humblement vous pry à mains jointes
Que vous faciés
Tant que noz pechiés effaciés
Et que de Dieu soions acointes,
Tant que d'enfer n'aions les pointes,
Mais herbergiés
Avec vous soions et logiés
Ou ciel, où n'a nulles complaintes.

[1] *Tierce*, neuf heures du matin.
[2] *Soulas*, bonheur.

www.ingramcontent.com/pod-product-compliance
Lightning Source LLC
Chambersburg PA
CBHW071330150426
43191CB00007B/680